# 獅子勇士
## ——錫克教史話

江亦麗 著

東大圖書公司

# 自　序

　　我與印度宗教和哲學結緣，已有 20 餘年。1982 年，我考入中國社會科學院和北京大學合辦的南亞研究所，師從著名印度哲學史專家黃心川先生，攻讀碩士研究生學位，學習印度的宗教和哲學。當時的南亞研究所設在北大六院，與北大哲學系毗鄰。我在學習印度的歷史文化和宗教哲學的同時，還有幸聆聽了樓宇烈、許抗生等先生講授的中國哲學和中國佛教課程，收益匪淺。燕園濃郁的文化氛圍和自由思辨的學風使我終生受益，未名湖畔的依依垂柳和博雅塔影成為我心中一道永不褪色的風景。三年歲月匆匆而過，過得緊張、充實而愉快。在恩師黃心川先生和童瑋先生（已仙逝）的指導下，我系統地讀了大量的佛經和一些印度哲學的經典之作，完成了研究小乘佛教的碩士論文，邁入了印度哲學和宗教研究的大門。

　　1990 年我實現了多年的夙願，到印度德里的發展中社會研究中心做訪問學者。該中心的主任吉利·德辛卡先生和譚中先生給了我很多幫助。可惜德辛卡先生兩年前不幸去世，使我再沒有機會報答師恩。在德里大學攻讀博士學位期間，我遊歷了許多名勝古蹟，沿著佛陀的足跡，完成了夢牽魂縈

的佛教聖地之旅。恆河的日出、菩提伽耶寺內枝繁葉茂的菩提樹、鹿野苑的講經亭都留給我難忘的印象。隨著對印度的悠久歷史、燦爛文化的感性體悟，我對印度豐富多彩的宗教派別和博大精深的哲學體系也有了更深刻的認識。也就是在這時我更多地接觸了錫克教，對錫克教的教義和錫克人的豪爽和熱情性格有了更深刻的瞭解，也與一些真誠熱情的錫克人成了好朋友。

感謝臺北的東大圖書公司組織編寫這套宗教文庫，並約我寫這本書，感謝宗教文庫的負責人為本書的出版付出的辛勤勞動。最後也感謝我的先生羅照輝多年來對我的支持和鼓勵，使我能堅持不懈地做一些喜歡的研究工作。

江 亦 麗

2003 年 5 月 23 日於獅城

# 獅子勇士 錫克教史話

## 目 次

「錫克」是梵文 Sikha 和旁遮普語 Sikh 的音譯，意為「門徒」，因其信徒自稱是祖師（Guru 古魯）的門徒而得名。也有人認為，「錫克」(Sikh) 一詞源於旁遮普語的動詞「學習」(Sikhna)，因此，錫克教徒就是一個學習者，即錫克教教義的學習者和追隨者。

# 一

在印度的首都新德里和北方城市，經常可以看見一些纏頭巾、蓄鬍鬚、高大英武、濃眉大眼的錫克人。

「錫克」是梵文 Sikha 和旁遮普語 Sikh 的音譯，意為「門徒」，因其信徒自稱是祖師（Guru 古魯）的門徒而得名。也有人認為，「錫克」(Sikh) 一詞源於旁遮普語的動詞「學習」(Sikhna)，因此，錫克教徒就是一個學習者，即錫克教教義的學習者和追隨者。

錫克人的故鄉是被譽為「印度的糧倉」的富饒之鄉——旁遮普。「旁遮普」的意思是五條河流域地區。根據印度最古老的經典《梨俱吠陀》的記載，原來的五條河是薩特累季河、維巴夏河（今比阿斯河）、波魯希利河（今拉威河）、阿格賽尼河（今吉那布河）、維德斯達河（今切萊姆河）。這五條河現在只有兩條河仍在旁遮普境內。歷史上的旁遮普的地理概念比現在要大得多。目前旁遮普邦面積約 50,376 平方公里，人口 1,500 多萬，首府是昌迪加爾。

旁遮普邦地處印度五河流域，土壤肥沃，灌溉便利。歷史上，旁遮普一直是富庶之邦和兵家必爭之地，戰略地位十分重要。因而，旁遮普的歷史就是一部不斷遭受外族入侵的歷史，在一定程度也是整個北印度的歷史，因為入侵者都是

首先征服旁遮普，然後才征服整個北印度的。據歷史學家考證，大約西元前 2000 多年，原居住在中亞高加索一帶的游牧民族雅利安人從開伯爾等西北部山口進入印度。他們首先征服了旁遮普地區，並在那裡定居下來，然後又從西北沿著恆河向東南遷移，到了北方的波羅奈城（現在北方邦的貝拿勒斯）等地。雅利安人把當地的原始居民達羅毗荼人視為奴隸，稱之為惡魔「達尤斯」。西元前 326 年，希臘國王亞歷山大皇帝舉兵入侵旁遮普，征服當時的諸多土邦王。亞歷山大死後，旁遮普的土邦王再次崛起，並將希臘人趕出旁遮普中部。西元前 322 年，旃陀羅·笈多以旁遮普為中心，建立了孔雀王朝。在他的兒子賓頭沙羅和孫子阿育王統治時期，旁遮普地區一直比較平靜，沒有外族入侵。阿育王死後，北阿富汗的希臘人入侵並占領了旁遮普，建立了自己的王國。希臘人在此統治了 100 年，接受了當地的文化，受到當時流傳的大乘佛教的影響，皈依了佛教，最後被印度文化完全同化。後來塞種人入侵，在旁遮普建立了塞種王朝。西元 1 世紀，貴霜人從中亞來到旁遮普，滅了塞種王朝，建立了貴霜王朝。貴霜王朝的國王中，最有影響和作為的是迦膩色迦國王，他的帝國疆域廣大，從中亞到整個北印度都是他統治的疆土。在他統治時期，自然科學和文學、建築藝術都很發達，印度最著名的梵語詩人馬鳴被他視為宮廷的國寶。從西元 4 世紀到 15 世紀，匈奴人、阿拉伯人、波斯人先後入侵旁遮普，並建立王朝。1526 年，巴卑爾率軍入侵印度，建立了莫臥兒帝國。

莫臥兒王朝是印度歷史上最後一個帝國，統治印度達數百年，胡馬雍、阿克巴、賈汗吉、沙賈漢、奧朗則布都是印度歷史上有名的帝王。莫臥兒王朝一直把旁遮普置於控制之下。18世紀後期，莫臥兒王朝國力日衰，只能控制德里附近的省份，阿富汗人乘機入侵旁遮普，錫克人奮起反抗，趕走了阿富汗人，建立了錫克教王國。19世紀中葉，英國殖民主義者發動對錫克人的戰爭，兼併了旁遮普。印巴分治時，將旁遮普一分為二，東部歸印度，西部歸巴基斯坦。

　　從語言上講，錫克人操旁遮普語。旁遮普語屬印歐語系，印度語族，是由古代的曉爾賽尼語發展而來的雅利安語。旁遮普有三種不同的書寫法：穆斯林用阿拉伯字母寫，印度教徒用梵語的天城體寫，錫克人則用師成體寫。師成體字母是梵語的天城體的一種變形，因為是錫克教的第二代祖師創造和提倡的，因此稱之為師成體。雖然旁遮普語是旁遮普地區的語言，由於莫臥兒王朝的長期統治，該地區的官方語言是烏爾都語，所以旁遮普語的發展受到限制，直到最近幾十年才迅速發展。

　　從人種學看，現在的旁遮普人是古代雅利安人種的典型代表，但又不是純粹的雅利安人的後裔。由於歷史上旁遮普屢遭外敵入侵，如希臘人、伊朗人、塞種人、匈奴人等，他們在旁遮普定居下來後，與當地人通婚、繁衍，逐漸融為一體。此外，還有許多賈特人和拉其普特人遷移到旁遮普，現在的錫克人主要是賈特人和拉其普特人的後裔。

　　賈特人是印度軍隊士兵的主要來源。「賈特」(Jat) 一詞來源於梵文「Jesht」，意為「優越或者高貴的」，「至高無上者」，他們是比較純粹的雅利安人的後裔，無論是從相貌、身材、語言，還是從他們的風俗來看，賈特人都有明顯的雅利安人特徵。

　　據學者考證，賈特人屬於雅利安人的吠舍種姓。吠舍種姓中的上層通過從事商業活動獲得錢財，賈特人主要靠務農為生。

　　賈特人身材高大，體格魁梧、健壯，相貌英俊，英武過人。淺褐色的臉上，一雙閃閃有神的大眼睛引人注目。他們精力旺盛，非常能吃苦耐勞。他們那英俊的容貌，尚武好戰的性格和魁偉的體格甚至贏得了仇敵的讚揚。一位穆斯林歷史學家雖然對錫克人進行了咒罵和攻擊，但仍由衷地稱讚錫克軍隊像雄獅一樣勇敢，是任何軍隊無法比擬的。歷史學家喬治‧托馬斯曾經這樣描述錫克士兵：「騎在馬背上的時候，他們那烏黑的、飄垂著的頭髮，半裸的身體，構成了他們那最勇敢、敏捷的氣質。他們的武器閃閃發光，他們的馬高大、迅速，表現出他們儀表堂堂和令人生畏，以及優越於印度斯坦的絕大多數騎兵的形象。」

　　錫克人非常勇敢，意志堅強，有很強的適應各種環境的能力。炎熱的驕陽、急風暴雨、凜冽的嚴冬和任何惡劣氣候和環境都阻擋不了他們。在過去的歲月中，仇敵的迫害和對他們的奴役，都無法動搖他們的堅強意志。在最嚴酷的災難

面前，他們表現出過人的勇氣和頑強、堅韌不拔的精神。

　　錫克人性格的另一明顯特徵是絕對的忠誠和無畏的獻身精神。他們決不允許私人的欲望、感情和好惡左右自己的理智和信仰。他們可以為了信仰而坦然獻身。面對死亡的威脅，他們總是默默地自語：「納那克祖師啊，您的奴僕準備好了忍受最大的犧牲。」

　　錫克教徒長年的戶外生活和訓練使他們體格健壯，山區裡艱苦生活的磨礪使他們意志堅強。他們粗茶淡飯，布衣草履，生活非常樸素。然而，他們有著強大的戰鬥力。他們騎在馬背上，可以日行 200 多公里，高大健壯的體魄使敵人聞風喪膽。

　　錫克人有很強的自制力，堅韌不拔，頑強不屈，為了信仰隨時準備獻身，面對死亡大義凜然，視死如歸。

　　錫克男子以當兵為職業和榮耀。成年男子都願意到錫克軍隊當兵，新兵可以加入任何一支首領的部隊，也可以隨意投奔更受愛戴的領袖。

# 二

　　錫克教 16 世紀初產生於印度西北部的旁遮普地區，其創始人是納那克。錫克教的聖典是《阿底格蘭特》，意為「原初聖典」。錫克教最初是印度教在虔誠派 (Bakti) 運動蓬勃發展

過程中湧現出來的一個派別，其創始人納那克為了調和印度教和伊斯蘭教的矛盾和衝突，試圖建立一個超越教派紛爭的統一的宗教，因而創立了錫克教。錫克教的教義是在印度教虔誠派思想的基礎上，攝取伊斯蘭教蘇菲派的神秘主義因素而形成。

錫克教是嚴格的一神論，只崇拜一個神。納那克認為，神是唯一、永恆的。他是宇宙的創造者，全知全能、公正仁慈。印度教徒稱自己的大神為羅摩，穆斯林稱自己的神為真主，但實際上這只是唯一的神的不同名稱。

錫克教反對偶像崇拜和繁瑣的祭祀儀式，錫克教的寺廟裡不供奉任何神的偶像，只供奉聖典《阿底格蘭特》。錫克教反對印度教的種姓制度，呼籲在神面前人人平等，沒有高低貴賤之分。人人都可以通過信仰神而獲得解脫。錫克教不是消極出世的宗教，而是積極入世的宗教，它不像印度教那樣主張信徒消極遁世，而是主張信徒要積極社會生活，從事各種社會勞動，擔負起社會和家庭的義務和責任。

錫克教最有特色的是它的祖師制度。它非常強調祖師的作用，把祖師視為神的使者。錫克教認為，通過內在的智慧不能認識神，通過祭祀不能博得神的歡心，只有在祖師的指導下刻苦修行，才能獲得解脫。錫克教在早期發展時期，有過 10 個祖師。第十世祖師戈賓德·辛格臨終前宣佈祖師傳承制度結束。

錫克教有嚴格的教規：⑴禁止抽煙；⑵婚姻神聖，一夫

一妻制；⑶不拜偶像，冥冥之中自有主宰；⑷終身必須遵守
五 K（終身必須遵守五件事，因為這五件事頭一個字母均為
K 而得名）：蓄長髮，戴髮梳；佩短劍；戴鐵手鐲；穿短褲，
長衫至膝；保護弱小和隨時準備戰鬥。

# 三

　　錫克教創立之初是一個非常溫和的宗教，是為了調和印
度教和伊斯蘭教的衝突而產生的一種追求和平的宗教。但到
了第六代祖師哈爾戈賓德時期，一變而為崇尚武力的宗教，
成為一個強大的政治、宗教和軍事組織。1699 年，第十世祖
師戈賓德·辛格創立了錫克教的軍事教團組織——「卡爾
沙」。「卡爾沙」，原意為純潔，引申為「純潔之團體」之意。
錫克教徒要舉行一定的儀式，才能加入「卡爾沙」。

　　「卡爾沙」把精神的信仰和體驗與軍事組織完美地結合
在一起，成為錫克教精神信仰和團結的象徵。戈賓德·辛格
祖師破除種姓歧視，主張人人平等，使教徒團結在一個旗幟
下。他把普普通通的信徒變成雄獅般勇敢的神聖戰士。他對
錫克教的最大貢獻是他創立了五 K 制度和真正的錫克教軍
隊，使崇尚武力成為錫克教的重要特徵。

　　他要求男信徒在受洗禮後在自己的名字後面加上「辛格」
（獅子），把他們培養成虔誠、勇敢、堅強、富於犧牲精神的

忠實信徒。在他的感召下，大批青年加入「卡爾沙」。1709年，錫克教軍隊的首領班達·巴哈杜爾在旁遮普建立了第一個錫克教王國，後來被莫臥兒王朝殘酷地鎮壓下去。18世紀末，由於莫臥兒帝國的國力日衰，只能統治德里附近的地區，旁遮普成為阿富汗人的勢力範圍。屢經苦難的錫克人乘機崛起，在旁遮普地區建立了十多個大大小小的錫克教王國。19世紀20年代，蘭季特·辛格統一了這些王國，建立了強大的錫克教帝國。19世紀40年代，英國殖民主義者在採取逐步蠶食、各個擊破的手法分別攻破了印度教和穆斯林土邦後，又把目光轉向富庶的旁遮普，盯上了蘭季特·辛格建立的錫克教王國。當時蘭季特·辛格國王已經逝世多年，他的兒子們為爭奪王位而勾心鬥角，培植勢力。一些王公貴族趁機專權，把持朝政，為爭權奪利而頻繁更換國王。國王多是庸碌無能之輩，錫克教王國已是日薄西山。1845年，英國殖民主義者趁虛而入，發動了第一次錫克戰爭，並通過收買錫克王公貴族的卑鄙手段贏得了戰爭。錫克國王被迫簽署了割地求和等屈辱性的《拉合爾條約》。不甘受辱的錫克士兵舉行起義，引發第二次錫克戰爭，戰爭以錫克人的失敗告終。1847年，英國殖民主義者廢除了錫克國王，兼併了錫克教王國。

　　社會政治局勢的變化促進了錫克教的改革和發展。在家破國亡、同胞遭難的嚴峻形勢下，錫克教徒痛定思痛，普遍滋生出一種危機感，要求改革錫克教、振興錫克教的呼聲日益高漲。各地相繼出現了一些自發的改革派別，其中主要有

無形派和神名派。這些派別信徒眾多，形成聲勢浩大的改革運動，為錫克教的復興和發展作出不可磨滅的貢獻。

20 世紀初，錫克人掀起了自發的反對上層僧侶的宗教改革運動——阿卡利運動，並在運動中誕生了錫克人的政黨——阿卡利黨。阿卡利運動還造就出一批具有憂患意識、胸懷遠大的錫克教領袖，它的非暴力鬥爭方式也為錫克人贏得了榮譽和自豪。與以往的幾次宗教改革運動相比，阿卡利運動範圍更廣泛，聲勢更浩大，目標更明確徹底，反英傾向更強烈，因而也具有更深遠的意義和影響。

此後的幾十年中，阿卡利戰士大多數都投身到聖雄甘地領導的民族獨立運動中，成為國大黨的重要依靠力量。

從 19 世紀 40 年代錫克王國的覆滅到 20 世紀 40 年代印度獲得獨立，錫克人為振興自己的宗教、走出困境作出了艱辛卓絕、不屈不撓的抗爭，掀起了一次又一次的改革浪潮。在經歷了歷史的風雨坎坷之後，錫克民族同印度其他民族一起，於 1947 年 8 月 15 日迎來了印度獨立的曙光。

獨立後，由於國大黨中央政府的某些政策失誤，錫克人產生被欺騙、受歧視的感覺，民族主義情緒在滋長，強烈要求建立單一的旁遮普語言邦。70 年代以後，伴隨著綠色革命的成功開展，旁遮普邦農業經濟快速發展，進一步刺激了錫克人的政治胃口，要求在印度憲法範圍內獲得更多自治權利的呼聲不斷高漲。自治鬥爭是錫克人現代政治鬥爭的主流。但與此同時，阿卡利黨內部出現分裂，黨內極端派和一些青

年錫克人夢想著恢復歷史上蘭季特帝國的輝煌，打出了建立獨立「卡利斯坦國家」的旗號。為此，他們不惜採用恐怖、暴力方式，把旁遮普推向動盪境地。歷屆國大黨中央政府都是採用胡蘿蔔加大棒的兩手策略，與溫和派談判，對極端派鎮壓。「蘭星行動」和朗格瓦爾協定反映出中央政府處理旁遮普問題的這種策略。

錫克人全民信教。他們在政治上感到受歧視時，宗教上也深感受到不公正對待。於是，錫克教徒反對宗教歧視就與政治鬥爭緊密結合。錫克教並非政教合一，但它有賴於政治尋求發展，適應時代。而阿卡利黨領導的政治鬥爭又利用錫克教，達到政治目的。

錫克教的宗教組織，如全印錫克寺廟管理委員會、五人長老委員會，從一開始即投入到阿卡利黨爭取建立旁遮普語言邦的鬥爭中。「蘭星行動」嚴重傷害了錫克人的宗教感情，部分教徒與阿卡利黨極端派人士走到一起，走上分離主義道路，要求以恐怖手段和武力建立「卡利斯坦國家」。教派主義與恐怖主義結合，進一步加劇了旁遮普地區局勢的動盪，危及印度的主權和領土完整。現代錫克教就是在這種艱難局面中，頑強地發展著。

宗教一經產生，既是一種信仰，也是一種文化和生活方式，一種由其信徒世代因循相傳的傳統。在當代社會，宗教已拋棄了與世隔絕、閉門苦修的修行方式，越來越多地參與社會生活，與政治聯繫日益密切。現代宗教的顯著特點是其

入世性，宗教的社會化和政治化，明顯地表現為對宗教教義的利用和宗教情緒的張揚。當今社會的印度教和伊斯蘭教都具有這種特點。錫克教歷來就是一個主張入世的宗教，一直積極參與社會生活，在現代社會更是如此。因此錫克教的社會化和政治化傾向尤為明顯。

# 四

與其他的民族的形成不同，錫克族人是因為信仰而從印度教中分離出來，經過幾百年的演變而形成一個民族——錫克族的。目前，錫克人約占印度總人口的 2%。

錫克男子蓄長髮和鬍鬚，有些像我國清朝的男子，把辮子編起來，不同的是他們把辮子盤在頭頂，再用數米長的頭巾纏好。與中國人一樣，錫克人也認為身體髮膚受之於父母，不可隨意亂動。

錫克人彬彬有禮，對人非常友善、豪爽。在與人交往中，顯得豁達、真誠坦率，性格開朗，是一個快活、無憂無慮的群體。他們愛好交際，為人正直，愛憎分明。

錫克教男子尊重婦女，尊重婦女的貞潔是他們的信念。對婦女，無論年輕的少女還是年長的婦女，他們通稱為「布林希雅」(Burhiya)，意為「隱居的人」。錫克教徒道德觀念非常強，自律很嚴。在錫克教徒中間，偷盜和通姦幾乎是不存

在的。

錫克婦女大都很漂亮，身材修長而苗條，明眸皓齒，顧盼生輝。她們身著寬鬆的繡滿花邊的過膝長上衣和寬鬆的長褲，印度人一般稱之為「旁遮普服」。錫克婦女在家庭中很有地位，不僅掌握著家庭的經濟大權，也主管著兒女的婚姻大事。

錫克人的食物非常簡單，一日三餐。早上喝牛奶，加上用綠豆、小麥粉做成的麵包。晚上吃香草和豆類煮成的湯。他們每天都喝大量的牛奶。和印度教徒一樣，錫克人也不吃牛肉。

印度獨立後，經過 60 年代的「綠色革命」，旁遮普成為印度的主要糧食產地，每年向印度提供一半以上的商品糧食，被譽為「印度的糧倉」，旁遮普人自豪地稱：「我們養活整個印度人」。

錫克人有尚武的傳統，因而在印度的軍隊裡有許多錫克士兵。近年來印度政府有意降低在錫克人中招募新兵的比例，但錫克人在印度軍隊的比例仍占 7.5%。錫克人在印度軍隊中也擔任了一些重要的官職，如迪爾巴格·辛格曾任印度空軍總參謀長，英·甘地總理的小兒子桑賈伊的妻子瑪內卡就是一個錫克軍官的女兒。印度的前總統宰爾·辛格也是錫克人。由於錫克人受教育程度較高，因而在印度每年的文官考試中，被錄取的錫克人數逐年上升，約占 1/16。此外，錫克人在醫務、科學、技術教育和體育方面也湧現出大批人才。

# 第一章

# 錫克教產生的社會歷史背景

依靠齋戒和反覆誦讀禱詞與教義

不能升入天堂；

如若真理已被領悟，

麥加寺廟的神龕就在人的心中。

把精神當作聖堂，把身體當作它周圍的廟宇，

把良心當作它啟蒙的老師；

讓忍耐來表達「五禱」的真意，

印度教徒與穆斯林有共同的上帝。

# 第一節　錫克教產生時的
# 　　　　社會狀況

## 一、社會歷史背景

　　錫克教於 16 世紀初期產生於印度西北部的旁遮普地區。當時印度正處於德里蘇丹王國 (1206–1526) 末期和莫臥兒帝國 (1526–1857) 初期。這兩個王朝都是在印度歷史上統治悠久的著名的伊斯蘭神權政體。

　　1526 至 1556 年的印度歷史主要是莫臥兒人與阿富汗人爭奪霸權的歷史。1398 年，蒙古人帖木兒入侵旁遮普，一路燒殺掠搶，直抵德里，德里蘇丹的最後一個國王馬穆德‧謝赫無法抵抗帖木兒的入侵而棄城逃跑，帖木兒的軍隊大肆擄掠後滿載金銀財寶回到中亞，把德里交給了喀義紮可汗。喀義紮‧可汗成為德里的統治者（1414–1421），建立了賽義德王朝。

　　後來，巴胡爾建立了洛提王朝，並傳位給王子尼紮姆可汗。1525 年 11 月 17 日，居住在喀布爾和坎大哈的巴卑爾向印度進軍。巴卑爾的父系是帖木兒的後裔，母系是成吉思汗

的子孫。他 11 歲時繼承了父親的小王國，頗有作為。巴卑爾長驅直入，攻占了德里，消滅了阿富汗貴族，建立了莫臥兒帝國。據說他進城時逮捕了許多居民，錫克教的創始人納那克祖師也被捕，被迫當苦役。

巴卑爾是亞洲歷史上最富於傳奇、最令人感興趣的人物，他是一個勇敢無畏、具有卓越軍事才能的人，但他並不是一個殘暴的征服者。他是一個冒險家，又是洞察幽微、多才多藝的詩人。他精通波斯語和突厥語，具有高超的文學鑒賞力。正如歷史學家萊恩・普爾所評論的：「他是中亞細亞與印度之間以掠奪為生的游牧民族與帝國之間、以及帖木兒與阿克巴之間的橋樑。亞洲的兩大災星──成吉思汗和帖木兒的血液融合在他的血管裡，他把波斯人的教養和溫文爾雅與韃靼游牧民族的勇敢和好運結合了起來。他以蒙古人的幹勁、突厥人的勇武征服了懶散無力的印度教徒……他在歷史上的不朽地位在於他征服了印度，從而為一個帝王世家開拓了道路。」巴卑爾於 1530 年 12 月逝世，其子胡馬雍繼承王位。後來，由於內亂，阿富汗人乘虛而入，趕跑了胡馬雍，建立了阿富汗人的政權。15 年後，胡馬雍才東山再起，奪回了王位。

# 二、宗教與思想界狀況

16 世紀初葉，旁遮普流行著各種宗教，其中最盛行的是印度教三大教派之一的濕婆派。濕婆派崇拜大神濕婆，並分

成許多支派，當時林伽派（崇拜男性生殖器官）等在此地流傳廣泛，克什米爾成為濕婆派的中心。

　　毗濕奴派和性力派在旁遮普也非常流行。唐朝的高僧玄奘在《大唐西域記》裡曾提到過旁遮普的性力派。性力派崇拜性力女神，把濕婆的配偶難近母、杜爾伽、毗濕奴的配偶吉祥天女和克里希那的情人拉達等作為最高的神祇崇拜。性力派的吉瓦拉姆克依 (Jwalamukhi) 寺成為當時許多王國的朝聖中心，據說莫臥兒王朝的阿克巴大帝就曾到此朝聖。此外還有象頭神崇拜、太陽神崇拜，玄奘曾經生動描寫了旁遮普的穆爾坦的太陽神廟。

　　除印度教外，伊斯蘭的蘇菲派在旁遮普也非常流行。蘇菲派早在穆斯林入侵印度後就傳入旁遮普，但由於語言和生活方式的差異，他們的思想在當地影響不大。隨著時間的推移，蘇菲派逐漸與當地文化融合，採用旁遮普語創作詩歌。他們的詩歌題材多取自於農民的日常生活，如耕地、紡織、攪拌牛奶、少男少女戀愛等，以淺顯易懂和人們喜聞樂見的內容和形式宣傳他們的神秘主義教義。因此，到了 15 至 16 世紀，蘇菲派在旁遮普地區非常流行。蘇菲派的遊吟詩人四處漫遊，以吟唱形式傳播蘇菲派的教義。他們的作品受到人們的歡迎，穆爾坦附近的巴格巴坦地區（現屬於巴基斯坦）成為蘇菲派的中心。錫克教的創始人納那克和許多人一樣，喜愛蘇菲派詩人的著作，並接受了他們的神秘主義思想。

　　由此可以看出，納那克所處的時代是一個政治上處於新

舊交替、社會變革動盪、宗教和各種哲學思潮流行的時代。
納那克生活在這樣的時代，為了尋求真理而四處漫遊，遍訪
印度教和伊斯蘭教的聖地。經過多年的思考和求索，他終於
找到了生活的真諦，創立了錫克教。

# 第二節　錫克教的思想淵源

　　穆斯林是以劍與火征服印度的。他們入侵印度時打著討
伐異教徒的旗幟，毀滅印度教的寺廟，大肆燒殺掠搶、迫害
當地的印度教徒。在德里蘇丹時期，為了強迫印度教徒皈依
伊斯蘭教，朝廷下令讓非穆斯林的「異教徒」交納「人頭稅」。
然而，傳統的印度教信仰根深蒂固，非暴力所能征服。在統
治者的高壓政策下，一部分異教徒以交納屈辱的「人頭稅」
作為對征服者的妥協，一部分異教徒被迫改變信仰皈依伊斯
蘭教，成為朝廷的順民。另一方面，由於印度教社會等級森
嚴的種姓制度，也有一部分生活在社會最底層的「不可接觸
者」（四種姓之外的「賤民」，聖雄甘地稱之為「哈里真」，意
為神之子），因不堪忍受高種姓的壓迫、屈辱和非人的虐待，
轉而信仰伊斯蘭教。

　　人類文明的發展是由低向高前進的，不同文明之間不僅
存在著對立和衝突，也存在著相互融合和吸收。正如恩格斯
所說：「在長時期的征服中，比較野蠻的征服者在絕大多數情

況下，都不得不適應征服後存在的比較高的『經濟情況』，他們為被征服者所同化。」（恩格斯《反杜林論》，頁180，人民出版社1970年版）印度古代文化具有強大的同化力，較早入侵印度的希臘人、塞種人和匈奴人都在深厚的印度文化氛圍的包圍下逐漸被同化，失去了自身的文化特徵。這種低層次文化被高層次文化逐漸同化的情況，在我國歷史上也出現過，比如，東北的游牧民族滿族入關後，建立了清王朝，在長達數百年的統治中，滿族文化不僅沒有消滅漢文化，反而被漢文化所同化。

　　然而，這種完全被同化情況在侵入印度的突厥——阿富汗人身上卻沒有發生。穆斯林入侵印度後，帶來了與印度斯坦民族完全不同的社會、宗教觀念，並一直頑強地保持著這種文化傳統。雖然這兩種文化是以征服者與被征服者的形式出現的，伴隨著政治關係的激烈鬥爭而不可避免地存在著矛盾和衝突，但是，只要兩種不同類型的文化長期發生密切的接觸和碰撞，就不可避免地會產生相互影響和融合。穆斯林的入侵不僅未能改變印度數千年來凝聚而成的豐富的文化精髓和深厚的文化底蘊，反而受印度傳統文化的影響。印度博大精深的哲學、語言、醫學、音樂和繪畫都對伊斯蘭教產生極大的影響。

　　印度最初出現的伊斯蘭教清真寺就是結合本土印度教寺廟的建築風格建造的，有些清真寺甚至直接就是由印度教寺廟改建的，如位於北方邦的印度教著名聖地阿約地亞（阿逾

陀）的巴卑爾清真寺，據說就是由羅摩廟改建的。據印度教經典記載，此地是大神羅摩的誕生地，因此人們建造羅摩廟紀念他。莫臥兒王朝的開國皇帝巴卑爾率領穆斯林入侵印度後，拆掉了羅摩廟的上半部分，改建成清真寺。此後數百年，印度教徒和穆斯林一直為該寺而爭執不休。1992 年 12 月 6 日，狂熱的印度教徒衝破警察的警戒線，將這座著名的清真寺化為一片廢墟。

　　烏爾都語的誕生也是印度教與伊斯蘭教融合的體現。「將波斯語、阿拉伯語和突厥語的單詞和起源於梵方的語言和概念」相混合的而成的烏爾都語的發展，「證明了印度教徒和穆斯林在語言上的綜合」。15 世紀興起的虔誠派（巴克提，也稱虔誠派）運動，以及稍後的錫克教都是這種融合趨勢在意識形態上的反映。印度教和伊斯蘭教內部產生的教派運動，有著共同的促進不同宗教信仰者的團結、反對種姓壓迫的願望和行動，在波瀾起伏的生活的不同領域奔流著相互協調的暖流。15 世紀克什米爾的穆斯林統治者就曾經召回流浪的婆羅門知識份子，取消對異教徒的人頭稅，把印度兩大史詩翻譯成波斯文，又將波斯文和阿拉伯作品譯成印地語，這表明伊斯蘭統治者從主觀上對印度本土文化的承認和重視，促進了相互理解和融合。在這種寬容的氣氛下，印度教徒和穆斯林增強了互相瞭解的願望，一些穆斯林用各地的方言撰寫以印度教徒的生活和傳統為主題的作品，穆斯林詩人用印地語創作詩歌，而印度教的詩人用烏爾都語寫詩。這兩種文化相

互融合已經達到了非常深的程度，以致於當巴卑爾進入印度時，對這種特有的「印度斯坦」方式非常驚訝。英國學者約翰·馬歇爾對此評論道：「像伊斯蘭和印度教這樣兩種如此浩瀚和高度發達而又如此截然不同的文化，居然共存並且能融為一體，這真是人類歷史上罕見的奇觀。正是它們之間的這種鮮明對照，它們在文化和宗教方面的廣泛差別，才使得它們相互影響的歷史特別富有教育意義。」

錫克教是伊斯蘭教和印度相互融合潮流中的產物，是宗教寬容政策推波助瀾的結果。溯其思想淵源，則明顯受到印度虔誠派（虔誠派或巴克提派）和伊斯蘭蘇菲派的影響。

# 一、錫克教與虔誠派的關係

## 虔誠派運動的代表人物及學說

「虔誠」（「虔信」）一詞是梵文「Bhakt」的意譯，音譯為「巴克提」。虔誠派運動是 12 世紀興起的印度教改革運動，先驅者是羅摩努闍和摩達婆等人。他們率先對印度教的陳規陋習進行批判，反對繁瑣的宗教儀式，提倡簡便易行的「巴克提」道路，認為只要虔誠地熱愛、獻身於神，就能獲得神的恩寵，達到解脫。虔誠派運動發源於南印度，主要在民間行吟詩人和下層印度教徒中流傳，隨著時間的推移，這場運動席捲全印，形成聲勢浩大的時代潮流，派別林立，色彩紛

呈，湧現出一大批領袖，如羅摩難陀、伽比爾等。虔誠派宣揚虔誠敬神，否定種姓不平等制度，呼籲在神面前人人平等。人人都可以自我求得解脫，無需婆羅門祭司的幫助。這種理論是對傳統印度教思想的挑戰，是印度教面臨伊斯蘭入侵後出現的改革思潮，既反映了印度教中下層教徒對穆斯林統治的不滿，希冀另闢蹊徑圖謀發展，也反映了他們對婆羅門特權的不滿。

　　虔誠派運動的著名領袖是羅摩難陀和伽比爾。羅摩難陀出生於阿拉哈巴德的一個婆羅門家庭，他崇拜大神羅摩。他遍遊北印度的印度教聖地，用印地語宣講「巴克提」教義，並廣收門徒。他反對印度教的種姓歧視，主張在神面前人人平等。據傳在他的 12 個大弟子中，有一個是理髮匠，另一個是皮匠，還有一個是穆斯林織工。

　　伽比爾約生於 15 世紀初，據說是一個婆羅門寡婦所生。生母將他遺棄在貝拿勒斯的一個水池旁，一個穆斯林織工將他收養，撫育成人。他是羅摩難陀的信徒，也受到他所接觸的蘇菲派聖徒和詩人的影響。他宣揚愛的宗教，認為這種宗教將促使不同種姓和信仰的人團結起來。他宣稱：「印度人和突厥人是用同一種黏土塑成的：安拉與羅摩只是不同而已」。他寫道：

　　何必詢問一個聖徒屬於何種種姓；

　　……

理髮師已經追尋到，洗衣工、木匠——

甚至賴達斯（羅摩難陀的弟子，鞋匠出身）也是追尋神

的人。

按照種姓，先知者斯瓦巴查乃是製革工人，

印度教徒和穆斯林都達到了同樣的目標，

那裡不復有任何表示差別的特徵。

　　伽比爾反對繁瑣的祭祀，認為只有通過虔信（巴克提）才能使靈魂擺脫一切虛假、偽善和殘忍，獲得解脫。他宣稱：

依靠齋戒和反覆誦讀禱詞與教義

不能升入天堂；

如若真理已被領悟，

麥加寺廟的神龕就在人的心中。

把精神當作聖堂，把身體當作它周圍的廟宇，

把良心當作它啟蒙的老師；

讓忍耐來表達「五禱」的真意，

印度教徒與穆斯林有共同的上帝。

　　他認為，宇宙萬物的最高實在是神，「神無所不在，萬物無不有神」，在神面前無貴賤和尊卑之分，號召人們向濕婆、毗濕奴、克里希那等所有神祇崇拜。他們不同於傳統印度教的另一特徵是主張積極投入現實生活，放棄苦行和禁欲。

## 納那克與虔誠派的思想聯繫

虔誠派領袖的教義、尤其是羅摩努闍和伽比爾關於通過虔誠信仰而獲得「神思」反對偶像崇拜，主張種姓平等的宗教思想，對錫克教的產生有極大的影響，為錫克教奠定了思想理論基礎。納那克正是汲取了虔誠派學說中的虔信和一神論，創立了錫克教的教義。錫克教的聖典《阿底格蘭特》收錄了一些伽比爾的頌詩。

伽比爾和納那克在許多方面相似，都反對印度教的種姓制度，主張在神面前人人平等，強調對最高神的虔信。

# 二、錫克教與蘇菲派的關係

## 蘇菲派的學說

關於「蘇菲」一詞的來源，有人認為源於 "Saffa"，清真寺前的臺階，在中世紀，窮人常坐在那裡虔修。一些歐洲學者認為，Safi 源於希臘文的 "Sophos"，一個宗教辭彙。蘇菲派的大師稱，蘇菲是指對神虔誠的信徒，因此，蘇菲是苦行的虔信者、獻身者。他們是穿著粗毛織成的破爛的衣服修行，對安拉虔敬的人。

關於蘇菲派的起源，學者眾說紛紜。有人認為新柏拉圖主義、基督教、拜火教、印度教和佛教都對蘇菲派有影響。

西方學者考爾賓認為穆罕默德死後，穆斯林社團內部的騷動是蘇菲派產生的重要原因。有人認為，蘇菲源於《古蘭經》中的精神知識。精神道路是伊斯蘭內在的神秘深奧的尺度，植根於《古蘭經》的先知實踐中。因此可以說蘇菲派起源於《古蘭經》中的神秘主義因素和穆罕默德的口頭教誨中。在1–2 世紀，伊斯蘭教中的苦行主義似乎沒有受到外在影響，但在中世紀早期，蘇菲派的神秘主義和印度教的神秘主義有許多共同點。

　　也有學者認為，不能將蘇菲派的起源歸結為一種確定的原因，它實質上是印度和波斯思想的產物。

　　蘇菲派的教義認為，最高神是唯一、絕對的實體，他是全能的、至高無上的。《古蘭經》強調這一最高的全能性：「確實，最高神，地球上任何事物都在他的洞悉之中」。

　　蘇菲派的思想建立在兩個基本理論上，形而上學的精神道路和階段性的方法論。另一方面，它們的精神體系由三個要素構成：神學理論、精神美德和靈魂轉變的方法。

　　蘇菲派主張，安拉是唯一絕對的實體，這一實體的終極性被稱為「超越統一的存在」。其次是宇宙兄弟論。正是這一理論使蘇菲派架起了理解印度教虔誠派思想的橋樑。蘇菲派提倡的神秘的虔信和自由成為其廣泛流行的社會和宗教基礎。

　　蘇菲派是伊斯蘭教的異端，主張「忘掉自我，與神同在」。他們宣傳普愛眾生，在真主面前人人平等的思想。這與印度

教的虔誠派的主張不謀而合。虔誠派大師伽比爾曾經感歎：
「印度教徒向羅摩呼籲，穆斯林向真主呼籲，但雙方互相殘
殺，誰也不理解真理」。事實上虔誠派運動同蘇菲派的許多共
同之處，在迫求真理的道路上互相接近。他們的這種思想受
到了想改變自己社會地位的印度教下層群眾的歡迎，這部分
群眾成為虔誠派和蘇菲派的社會基礎。

## 納那克祖師與蘇菲派的思想聯繫

　　16世紀初，蘇菲主義在印度教和穆斯林社會非常流行，
蘇菲派遊吟詩人大部分生活在農村，他們穿著粗毛氈做成的
長袍，不修邊幅，神情悠然，吟唱著詩篇，從一個村莊走向
另一個村莊，他們的詩歌語言生動活潑，自然清新，帶有濃
厚的鄉土色彩和生活氣息，因而受到廣大群眾的喜愛。一些
下層印度教徒通過蘇菲主義接受了伊斯蘭信仰。蘇菲派的信
仰和實踐方式也成為旁遮普重要的宗教生活形式之一。納那
克祖師也喜歡讀蘇菲派遊吟詩人的詩歌，並從中汲取了思想
營養。納那克與蘇菲派一樣，主張一神論，反對偶像崇拜和
化身，提倡人人平等，人類大同。

　　錫克教的創立幾乎與莫臥兒帝國的成立同時。莫臥兒帝
國是印度歷史上少有的幾個大一統帝國之一，政治的相對穩
定是這一時期的特點之一。政治的穩定促進了經濟的繁榮，
太平盛世刺激了思想文化的發展和新思潮的出現。而旁遮普
是印度最富庶的地區，印度河自北而南流過，帶來舟楫灌溉

之利，連接印度與外部世界的交通要道橫貫全境，促進了經濟發展和商業貿易的繁榮。而且因其所處的特殊地理位置，旁遮普接受了各種文化的影響，思想領域也開風氣之先。正是在這種有利的社會氛圍中，錫克教應運而生。

# 第二章

# 錫克教十位祖師的生平傳說

有人稱你為羅摩，有人稱你為胡大，

有人把你當作象頭神，有人把你當作安拉。

然而，造福一切的最高神啊，

你是唯一的源泉和創造者！

請保佑我吧，仁慈的最高神。

# 第一節 創始人納那克・戴夫 的生平傳說

　　錫克教的創始人是納那克・戴夫 (Nanak Dev)。關於納那克的史料歷史上鮮有記載，難言其詳。根據錫克教的傳說，納那克約於 1469 年 4 月 15 日出生於旁遮普的塔爾萬提村（現稱為南克納・沙哈布，在巴基斯坦境內）的一個印度教徒家庭。他的父親是一個低級稅吏，屬於剎帝利種姓。納那克 7 歲時，父母送他去一個印度教寺廟學校學習梵文。兩年後他回到家中，父親又讓他師從一個穆斯林學者學習波斯語和阿拉伯語。1487 年，納那克與蘇拉卡尼 (Sulakhani) 結婚，4 年後生下了兒子室利錢德 (Srichand)，5 年後第二個兒子拉克西米・錢德 (Lakshmi Chand) 出生。然而，天倫之樂並不能阻止納那克對精神世界和彼岸的追求。一天，他在河中沐浴時失蹤了。大家在河中和沿岸到處尋找，也沒能發現他的遺體。3 天後，納那克又奇蹟般地出現了。他一直保持沈默。後來開口說的第一句話就是：「沒有印度教徒，也沒有穆斯林」。接著，他對人們講述了他的經歷：他在水中沐浴時恍惚中到了天堂，被帶到那裡，天神遞給他一杯甘露，說：「納那克，喝下它，我將與你同在。」最高神賦於他在人間傳道的使

命。

　　納那克成為一個全新的人，成為一個負有特殊使命的使徒。他開始挨家挨戶向人們講述他的經歷，宣講他創立的教義。人們認為他發瘋了，穆斯林對他的行為更為惱怒，報告了當地的土邦王多萊特可汗 (Daulat Khan)，國王召納那克入宮。當時宮中正在舉行下午的祈禱，納那克也加入了祈禱，但他在整個儀式中一直站著，並沒有跪下，並不時發出笑聲。這一舉動激起了穆斯林的憤怒。納那克解釋說：「真主並沒有接受他們的祈禱」，並講了一番繁瑣的宗教儀式無用的道理。國王深為折服，跪倒在納那克的足下，要把他的王位讓給他，被納那克婉拒。後來，這個土邦王成為納那克的第一個弟子。

　　納那克反對印度教的種姓制度，主張平等。他拒絕了一個印度教高種姓的邀請，卻與一個低種姓的木匠相處了好幾天。

　　納那克創立錫克教後，曾經多次漫遊印度教、佛教的聖地。他的足跡遍及五印，他甚至還遊覽過穆斯林的聖地麥加和巴格達。據傳說，有一次，納那克到達馬哈拉施特拉的一個印度教聖城時，正趕上日蝕發生。成千上萬的人聚集在聖河邊準備沐浴。一個婆羅門祭司正在做祈禱，祈禱太陽神不要被災難吞沒。納那克的到來，引來了不少參拜者，其中不乏王公貴族。一個土邦王把他狩獵時捕殺的一頭鹿送給了納那克。納那克就在當地把鹿肉煮熟了。這一舉動引起了婆羅門的抗議。他們認為納那克在聖河邊，在這樣的一個日子裡

這樣做是大逆不道。納那克並不是真的想吃鹿肉，這樣做只是要煞煞婆羅門的傲氣。

納那克祖師批評印度教和伊斯蘭教的形式主義。他到哈德瓦時，也像印度教徒一樣在恆河沐浴。當印度教徒朝著東方初升的太陽潑水作為對祖先的祭拜時，他向相反的方向潑水。印度教徒認為他是個瘋子，問他為什麼向西方潑水，納那克聽了反問一句：「你們朝東面給誰潑水呢？」

「給太陽呀！」一個印度教學者回答道。

「太陽有多遠？」

「說不清。可你為什麼朝西面潑水呢？」

「在迦爾達爾普爾（旁遮普境內）有我的田地，都乾了，我在潑水。」納那克回答道。

一個學者譏笑道：「可是你潑的水連河岸都到不了，怎麼能到達迦爾達爾普爾呢？」

納那克立刻反駁說：「如果我潑的水到不了迦爾達爾普爾，那麼，你潑的水怎麼能到太陽那裡呢？」

他們被納那克駁得啞口無言。

還有一次，他到麥加朝聖時，腳朝著麥加的聖寺睡覺，一個穆斯林很生氣地指責他。他說：「如果你認為我的腳朝著真主的居所是對真主的不敬，那我就換個方向。」

他說：「不僅印度教徒分為 4 個種姓，穆斯林也分為 4 個派別。印度教崇拜恆河、貝拿勒斯，穆斯林崇拜麥加和克爾白。魔鬼使這兩個宗教的信徒狂熱，使他們忘記了神聖的經

典。他們在不同的道路上徘徊，卻找不到神聖的真理。」他認為，真理和神只有一個，只是不同的教派給予他的名字不同。

納那克祖師活了 70 歲，他一生致力於傳播錫克教的教義。他逝世後，安格德成為他的繼承人。

# 第二節　其他祖師的生平傳說

錫克教在發展過程中共出現過 10 位祖師，前面已經講了第一代祖師納那克的生平事蹟，這一節將講述另外 9 位祖師的事蹟。

## 一、第二代祖師　安格德·戴夫

納那克臨終前，選定安格德·戴夫 (Angad Dev) 為繼承人。安格德成為錫克教的第二代祖師。安格德原名拉赫納 (Lahina)，1504 年出生在旁遮普的費羅茲普爾地區的一個小山村。父親叫培魯·馬爾 (Pheru)，母親叫莎布拉爾 (Sabhrai)。拉赫納長大後與赫薇 (Khivi) 結婚，生有一女二子。

1520–1521 年，巴卑爾第三次入侵印度，他的軍隊一路上大肆燒殺擄掠。為躲避災難，無數平民逃離故土，遠走他鄉。拉赫納 16 歲時，全家為避戰亂也遷至阿姆利則的卡杜爾城。這成為他生活中的轉捩點。這個小城彙集了許多宗教流

派，他遍訪了印度教各派及其他宗教的寺廟。一天，他無意中聽到納那克的一個信徒在吟誦頌詩，被深深吸引，便問吟誦者頌詩的作者是誰。吟誦者告訴他是納那克大師作的。他決定去拜見納那克。與納那克見面後，他成為納那克的弟子。由於他天生聰慧，納那克臨終前選定他為接班人。

拉赫納成為祖師後，改名為安格德。他與莫臥兒王朝的胡馬雍皇帝是同時代人。胡馬雍的王位被篡後一直想東山再起。一次去拉合爾的途中，他在安格德祖師居住的卡杜爾村停留，拜見安格德祖師以求得他的祝福。當他進入安格德的住所時，祖師正在吟誦頌詩，沒有馬上接待他。胡馬雍感覺受了冷落，勃然大怒，伸手就要拔劍刺殺祖師。但劍卻拔不出鞘來。在這一瞬間，胡馬雍冷靜下來，最後耐心等待，接受了祖師的祝福。當他重新奪回王位時，想報答安格德祖師，但不幸的是安格德已經去世，阿瑪爾・達斯祖師繼位。

安格德的一生可分為三個時期：第一個時期 (1504–1532) 他是虔誠的崇拜者，沈迷於印度教的各種儀式中；第二個時期 (1532–1539) 是他的虔信和沈思修行期；第三個時期 (1539–1552)，他致力於宣講和傳播納那克的教義，並創作了許多讚美最高神的讚歌。

1552 年，安格德指定阿瑪爾・達斯為繼承人。

# 二、第三代祖師　阿瑪爾·達斯

阿瑪爾·達斯 (Amar Das) 於 1479 年出生於阿姆利則的巴沙克鎮。其父務農並經商。他在兄弟四人中排行老大。他受過良好的教育，精通哲學和印度教經典。阿瑪爾 23 歲時與鄉村的少女瑪莎·黛薇馬蘭結婚，育有兩子：達蘇和達圖。早年的阿瑪爾是虔誠的毗濕奴信徒，每月都要齋戒幾天，每年都要去恆河朝聖、沐浴，參加各種宗教儀式。後來，阿瑪爾遇見了安格德祖師，成為他的門徒。安格德非常喜歡他，讓他住在他家。阿瑪爾對安格德祖師非常崇拜和忠誠，每天都要從很遠的地方提水服侍祖師沐浴。他富有同情心，樂意幫助窮苦人，深得安格德祖師的喜愛。最後，安格德祖師決定把祖師的位子傳給他。在舉行儀式時他把 5 個銅幣和 1 個椰子放在他面前，祖師的另一個大弟子把象徵祖師的吉祥痣貼在他的前額。傳位儀式完成後，安格德囑咐他一定要努力精進，完成祖師未竟的事業。為了防止他的兒子對阿瑪爾不恭，安格德臨終前對兩個兒子說：「阿瑪爾就是我的化身，我們兩個是毫無差別的統一體。誰不相信這點就會受到詛咒。」

阿瑪爾繼位後定居在戈因德瓦爾。安格德祖師的兒子達圖漸漸對阿瑪爾不滿。他不聽父親的遺訓，公開反對阿瑪爾，想與他分庭抗禮。他在卡杜爾建造了自己的寓所，甚至稱：「阿瑪爾老了，他是我的僕人，我才是應該繼承祖師職位的

王子。」然而，眾人對他的行為嗤之以鼻。這更使達圖惱怒。一天他看見阿瑪爾祖師坐在祖師椅上，非常生氣，上前一腳把阿瑪爾祖師踢了下來，大聲叫道：「昨天你還是我們家的挑水的，現在你坐在那裡當祖師。」阿瑪爾沒有生氣，而是謙恭地說：「大王，原諒我，你一定弄傷了腳吧。」他的信徒對達圖污辱祖師的行為非常憤慨。阿瑪爾祖師勸他們平靜，不要惹事。

　　阿瑪爾祖師過著非常儉樸的生活，整天忙著傳教。他逐漸建立了錫克教的社團制度，使錫克教徒區別於其他宗教。他是一個非常溫和、寬容大度的人。據說一個有名望的穆斯林非常妒嫉阿瑪爾祖師的名聲，煽動穆斯林反對錫克教徒，不斷騷擾為祖師家挑水的錫克教徒。教徒們向阿瑪爾祖師訴說，阿瑪爾祖師勸他們忍耐。教徒問到底要忍耐多久，阿瑪爾祖師回答：「只要你活著，就要忍耐，聖人不應該尋求報復。」

　　印度教的婆羅門祭司也嫉妒阿瑪爾祖師的名聲，攻擊祖師的教義和錫克教的集體聚餐制度，因為這打破了印度教的種姓隔離制度。

　　1556 年，莫臥兒皇帝阿克巴視察旁遮普時，別有用心的婆羅門向阿克巴大帝進讒言，詆毀阿瑪爾祖師，說他拋棄了印度教傳統的儀式和習俗。阿克巴大帝非常開明，邀請阿瑪爾祖師來見他。阿瑪爾祖師派他的得意門生拜‧傑特作為他的代表去見皇帝。阿克巴大帝問了許多關於錫克教的問題，對傑特的回答十分滿意。後來，阿克巴大帝來到阿瑪爾祖師

居住的戈因德瓦爾專門會見阿瑪爾祖師。據說，阿瑪爾祖師首先邀請他在家中與其他錫克教徒一起進餐，然後與其長談。阿克巴大帝非常欣賞錫克教的這種集體進餐制度，要向阿瑪爾祖師提供一筆經費，被阿瑪爾祖師婉拒。

阿瑪爾祖師對錫克教的發展做出了巨大貢獻，正是在他的領導下，錫克教的教團 (Sangat) 和集體就餐成為制度。

# 三、第四代祖師　拉姆‧達斯

1574 年，阿瑪爾祖師在去世前，把祖師的位置傳給了他的最忠實和最有才華的弟子拜‧傑特。他成為祖師後改名為拉姆‧達斯 (Ram Das)。

1534 年 9 月 24 日，拉姆出生在拉合爾附近的一個名叫楚納曼迪的村子裡。他還在襁褓中就失去了母親，7 歲時喪父，成為一個無依無靠的孤兒，好心的嬸母收養了他。多年後拉姆長成了一個英俊的小夥子，靠賣煮熟的大豆為生。一天，阿瑪爾祖師在家中與妻子商量，要為女兒挑選夫婿。正巧拉姆從門口路過。阿瑪爾的妻子見拉姆長得英俊瀟灑，一表人材。就指著他說：「要找就找像這樣英俊的小夥子。」阿瑪爾祖師把拉姆叫到家裡，問他願不願意做他的女婿。拉姆欣然同意。拉姆 19 歲時與阿瑪爾祖師的女兒巴妮結婚。婚後他們定居在戈因德瓦爾，小夫妻相親相愛，幸福美滿，生了三個兒子：普瑞斯、錢德‧瑪哈戴夫和阿爾瓊‧戴夫。

　　拉姆對阿瑪爾非常忠誠和孝敬，把他奉為神明，而不像一般的翁婿關係。他聰明能幹，又能吃苦，深得阿瑪爾祖師的喜愛。因此阿瑪爾祖師臨終前把祖師的位置傳給了他。

　　阿瑪爾生前曾經想在阿姆利則挖一個聖池，使它成為錫克教徒朝聖的聖地。拉姆成為祖師後，為了完成阿瑪爾祖師的遺願，開始了挖掘工作，他在阿姆利則和拉合爾住了數月，監督水池的挖掘工作。他每天向信徒宣講錫克教的教義，吸引了許多聽眾，名氣也越來越大。

　　拉姆晚年，發現他的三個兒子為繼承其祖師的位置勾心鬥角，互相算計。一次，拉合爾的一個望族邀請拉姆祖師出席一個婚禮。拉姆因故不能去，便讓大兒子普瑞斯代表他前往拉合爾參加婚禮。普瑞斯藉故拒絕，拉姆就派小兒子阿爾瓊·戴夫參加了婚禮，並讓他留在拉合爾主持一些錫克教的儀式。阿爾瓊·戴夫在拉合爾住了一段時間後，想念家鄉和親人，便給父親寫了一封信，想回到戈因德瓦爾。他讓信使把信帶給哥哥普瑞斯，讓哥哥把信轉交父親。普瑞斯不希望弟弟回來，就把信扣下了，並對信使說：「阿爾瓊要繼續留在拉合爾，只有等待父親的命令才能回來。」後來，阿爾瓊·戴夫又給父親寫了第二封信，也被哥哥扣下了。阿爾瓊·戴夫接不到父親的回音，十分焦急。又寫了第三封信，並讓信使一定要把信交到他的父親手中。拉姆看到阿爾瓊·戴夫的信上的編號是第三，就把大兒子普瑞斯叫來詢問。普瑞斯矢口否認收到前兩封信，但家人在他的大衣口袋裡發現了這兩封

信。拉姆對大兒子的行為非常生氣，從此不再讓大兒子參加重要的活動。二兒子錢德·瑪哈戴夫是個擯棄了世俗生活的遊方僧，最後，拉姆選定小兒子阿爾瓊·戴夫為其接班人。

拉姆當了 7 年的祖師。他的功績在於建立了許多錫克教的傳教點，並率信徒挖掘了著名的甘露池。阿姆利則因此而成為錫克教著名的聖地。

# 四、第五代祖師　阿爾瓊·戴夫

1563 年，阿爾瓊·戴夫 (Arjan Dev) 祖師出生在戈因德瓦爾。如上所述，他與哥哥普瑞斯不和。他繼承祖師的位置後，普瑞斯公開反對他，甚至威脅要寫信給莫臥兒皇帝。他向阿姆利則的地方當局遞交了一份要求繼承父親的財產的訴狀。阿爾瓊祖師同情兄長，主動分給了他一些財產。但普瑞斯並不滿足，仍然對阿爾瓊祖師懷有敵意。

阿爾瓊祖師繼位後，集中精力致力於錫克教教團的建設。他率領錫克教徒在恰克·拉姆達斯 (Chak Ram Das) 建立了一座寺廟，把它作為一切宗教崇拜的象徵。為了表示這一寺廟屬於一切教派，他邀請穆斯林阿訇和拉合爾的最高行政長官為寺廟奠基，並將該寺取名為哈里曼迪爾 (Harimandir)，即最高神廟。該寺有許多大門，象徵著為一切教徒敞開解脫之門。這座寺廟因其廟頂鎦金，金碧輝煌而被後人稱為金廟，他還率眾在寺廟旁邊挖了兩個大水池。1590 年，他又在阿姆

利則挖了一個新的大水池——拯救之池 (Tarn Taran)。這一水池很快成為錫克教徒朝聖的聖地。據說池水有治病的功效，特別是對痲瘋病和眼疾有特殊的療效。

阿爾瓊祖師一生中四處傳教，他的足跡遍佈旁遮普，他使許多賈特人加入了錫克教教團。為了籌集資金，他建立了錫克教的捐獻制度。每個教徒都必須把收入的一部分捐給社團。阿爾瓊祖師鼓勵信徒參與社會生活，要求信徒都應有正當的職業謀生，鼓勵信徒從事貿易活動。

阿爾瓊祖師的兄長普瑞斯繼續與阿爾瓊祖師作對。他編纂了一部「聖書」，聲稱是自己所作，到處宣揚。阿爾瓊祖師意識到這種偽作可能會謬種流傳，危害錫克教的發展，便開始組織教徒編纂前世祖師的著作，最後，一部卷帙浩繁的巨著——《阿底格蘭特》（也叫《格蘭特·沙哈布》面世。浩大的編纂工作成為錫克教歷史上的一項偉業，《阿底格蘭特》也成為錫克教的聖典，成為神聖智慧和福佑的源泉。阿爾瓊祖師把《阿底格蘭特》供奉在哈里曼迪爾 (Harimandir) 寺中，阿姆利則成為錫克教的中心。哈里曼迪爾 (Harimandir) 也因其金碧輝煌而被稱為金廟，成為錫克教的聖地。

阿爾瓊祖師的名聲越來越大，教徒日益增多。這引起了穆斯林和印度教徒的嫉妒。普瑞斯也公開跳出來攻擊阿爾瓊祖師，指控《阿底格蘭特》中有許多攻擊印度教和伊斯蘭教的言論。印度教徒和穆斯林分別寫信給當時的皇帝阿克巴大帝，指責阿爾瓊祖師冒犯了他們的神祇和聖人。阿克巴大帝

巡視旁遮普時，過問了這件事，專門召阿爾瓊祖師的得意弟子拜·古爾達斯來解釋。《阿底格蘭特》的第一首頌詩這樣寫道：

> 從土和火中，最高神創造了世界，天空和地球，樹和水
> 是最高神的創造物（阿爾瓊祖師作）。

拜·古爾達斯又念了下面的對神的頌詩：

> 有人稱你為羅摩，有人稱你為胡大，
> 有人把你當作象頭神，有人把你當作安拉。
> 然而，造福一切的最高神啊，
> 你是唯一的源泉和創造者！
> 請保佑我吧，仁慈的最高神。

> 有人朝聖印度教的聖地，
> 有人舉行哈祭 (Hajj) 儀式，有人向你供奉祭品，
> 有人向你頂禮膜拜，
> 有人讀誦吠陀，有人讀誦閃族人的經典，
> 有的穿著白色的長袍，有的穿著藍色的衣衫，
> 有的稱為突厥，有的稱為印度教徒，
> 有的追求印度教的天堂，有的追求伊斯蘭教的天庭，
> 納那克說：「誰體驗了最高神的意志，

誰就認識了萬能的最高神——神秘之源。」

　　阿克巴大帝對這些頌詩非常讚賞，要古爾達斯轉達他對阿爾瓊祖師的敬意。後來，在他返回德里的途中，他特意在戈因德瓦爾停留，會見了阿爾瓊祖師。他還看到了阿爾瓊祖師建造的寺廟，被它的宏偉氣勢和精美絕倫的造型所吸引。他對阿爾瓊祖師吟誦的讚歌也非常欣賞。素以寬容和自由著稱的阿克巴大帝非常看重阿爾瓊祖師，為了以示獎賞，他下令免除了當年旁遮普地區的稅收。

　　錫克教在前 4 個祖師生活的時代，一直處於和平發展時期，沒有受到多少來自莫臥兒王朝的壓力。

　　1605 年，阿克巴大帝逝世，他的兒子沙力姆繼位，稱為賈汗吉。賈汗吉皇帝的兒子庫斯洛王子想成為旁遮普地區的郡王，被父親軟禁在阿格拉城堡中。1606 年 4 月，庫斯洛王子以去拜謁父親的陵墓為由逃往旁遮普。他拜見了阿爾瓊祖師，請求幫助。祖師說他有錢幫助窮人，但沒有錢幫助一個王子。王子謙卑地回答，他現在非常窮，已經和乞丐差不多，需要到喀布爾的路費。最後阿爾瓊祖師給了王子一些錢財。賈汗吉皇帝得知王子逃跑後，便親自率兵追趕，在王子快到喀布爾時捉住了他。1606 年 5 月 1 日，王子被帶回拉合爾，皇帝命令重新囚禁他。

　　阿爾瓊幫助了庫斯洛王子的事被穆斯林上層人士利用，他們向賈汗吉皇帝告發了此事，賈汗吉大怒。1606 年 5 月，

賈汗吉派人抄了阿爾瓊祖師的家，沒收了全部財產，並把阿爾瓊祖師抓進大牢，用各種駭人聽聞的酷刑折磨他。獄吏讓阿爾瓊祖師坐在裝滿沸水的大鍋上，不斷用滾燙的沙子從他頭上往下倒，阿爾瓊祖師渾身都是大血泡，疼痛難忍。在忍受了五天非人的折磨後阿爾瓊祖師被處死。據說他是被裹在牛皮裡活活被用大鋸鋸死的。也有一種傳說說他在臨刑前請求去河中沐浴，從此再沒有上岸。阿爾瓊祖師成為錫克教第一個被皇帝處死、為錫克教殉難的祖師。從此錫克教結束了和平發展時期，開始了艱難求生存的時期。

# 五、第六代祖師　哈爾戈賓德

哈爾戈賓德 (Hargobind) 祖師是阿爾瓊祖師的兒子，1595年 6 月生於阿姆利則的瓦達利村。據傳說，他出生後，他的大伯普瑞斯多次設計想把他害死。普瑞斯先是派了一個老婦人到阿爾瓊祖師家當保姆，讓她伺機謀害新生兒。但這名婦女沒有成功。這一計劃失敗後，普瑞斯又買通了一個耍蛇人，讓他到阿爾瓊祖師家中用眼鏡蛇咬死嬰兒。這一陰謀也沒有得逞。在瓦達利村住了一些日子後，阿爾瓊祖師帶著新生兒回到了阿姆利則。哈爾戈賓德祖師從小受到良好的教育和管束。阿爾瓊祖師在被處死前，立哈爾戈賓德祖師為繼承人，並給他留下了遺言：讓他全副武裝地坐在祖師的寶座上，一定要建立自己的軍隊。

也許是阿爾瓊祖師在獄中通過反省後深切地感到，沒有武力作後盾，錫克教就會成為任人宰割的羔羊，才決心建立自己的武裝；也許是哈爾戈賓德祖師從父親的慘死中感到手無寸鐵的無助，才決心要改變錫克教徒的生活。從此，錫克教開始了崇尚武力的時期。

哈爾戈賓德祖師身佩雙劍，即使去金廟祈禱也是全副武裝。兩把劍，一把代表世俗生活，一把代表精神生活。他除了在阿姆利則宣傳錫克教的教義外，把主要的精力都放在建設錫克教的軍隊上。他動用社團的資金，買來最好的武器和馬匹，招募大批錫克教青年加入錫克軍隊，訓練他們使用武器。

哈爾戈賓德祖師把新的制度引入錫克教社團中。以前，祖師通常被視為精神世界中的國王，信徒們稱祖師為「真理國王」。以前，錫克教徒嚴禁肉食，為了使身體更強壯和驍勇，哈爾戈賓德祖師開始吃肉，並沉迷於狩獵。他的祈禱和禮拜方式也與以前的祖師不同。在祈禱中，信徒們手持火把，吟誦錫克教聖典《阿底格蘭特》。

從哈爾戈賓德祖師開始，錫克教有了尚武的傳統，把虔誠的信徒培養成神聖的戰士。

哈爾戈賓德祖師訓練錫克士兵的事傳到了莫臥兒宮廷，引起了賈汗吉皇帝的緊張。皇帝認為哈爾戈賓德祖師是要建立國中之國，為了遏制錫克教的發展，賈汗吉皇帝把哈爾戈賓德祖師召到德里的宮中。據說皇帝與祖師談過話後，對他

還算客氣。有一次，賈汗吉皇帝要哈爾戈賓德祖師陪他一起打獵。在打獵中，一隻斑斕大虎突然從林中竄出，衝向皇帝。皇帝身邊的射手亂箭齊發，但都沒有射中猛虎。皇帝嚇得動彈不得，向哈爾戈賓德祖師求救。在危急關頭，哈爾戈賓德祖師衝上前攔住猛虎，用短劍將猛虎刺死。賈汗吉皇帝虎口脫險，非常感謝哈爾戈賓德祖師，到阿格拉時也要祖師陪伴。也許是驚嚇過度，賈汗吉一回到阿格拉就病倒了，惡夢不斷。為了治好皇帝的病，宮裡請星相學家入宮為皇帝診斷。星相學家告訴皇帝，五年多來，惡運一直籠罩在他的頭頂，近兩年皇帝還會有災難。消災的辦法只有一個，只有派一個聖人到戈因德瓦爾城苦修贖罪，並為皇帝的健康祈禱，才能消除災難。大臣們一致認為，哈爾戈賓德祖師是最合適的人選，決定讓他去。當賈汗吉皇帝向哈爾戈賓德祖師講起請他到戈因德瓦爾城消災之事時，哈爾戈賓德祖師欣然接受。於是，哈爾戈賓德祖師被送往古城，過著被囚禁的生活。

　　關於哈爾戈賓德祖師被囚禁的原因，錫克教歷史上的說法不一，充滿了傳奇色彩。有的說是因為祖師拒絕交納皇帝要其父阿爾瓊祖師交納的罰金，有的說是因為拉合爾的省督對哈爾戈賓德祖師懷有敵意，向皇帝進了讒言。但實際上，更重要的原因可能是哈爾戈賓德祖師採取的尚武的新政策和錫克教軍隊的建立引起莫臥兒皇帝的恐慌，擔心崇尚武力的錫克教的強大會危及莫臥兒王朝的統治。

　　哈爾戈賓德祖師在戈因德瓦爾城中度過了數年囚徒般的

生活。據說他在被囚禁期間，錫克教徒從各地趕來，佇立在城堡外面，向祖師表示敬意。後來，賈汗吉皇帝聽說後，心生惻隱，便下令釋放了哈爾戈賓德祖師。

哈爾戈賓德祖師被釋放後，開始到各地旅行。他遍訪了旁遮普和古吉拉特等地的名山大川和宗教聖地，每到一地，便宣講錫克教的教義，吸收信徒。在此期間，祖師把主要精力放在錫克教軍隊的建設上，大批賈特人加入錫克教，成為錫克教軍隊中一支強大的力量。錫克教教團聲勢日益增大。

賈汗吉皇帝死後，他的兒子沙賈漢繼位。也許是錫克教的浩大聲勢使新皇帝感到不安，也許是有人向新皇帝說了哈爾戈賓德祖師的壞話。總之，新皇帝與哈爾戈賓德祖師的關係非常緊張。沙賈漢曾派兵圍剿哈爾戈賓德祖師，兩軍展開激戰。

1632 年，沙賈漢皇帝頒佈了新的宗教政策，規定只有伊斯蘭教可以宣講教義，建造寺廟，其他宗教教派新建的寺廟，尤其是貝拿勒斯新建的印度教寺廟，都要拆除。這一政策打擊的對象是所有非穆斯林的宗教，並非只針對錫克教，主要還是針對印度教。但錫克教也深受其害。在此高壓政策下，拉合爾的兩個錫克教寺廟被拆除，改建成清真寺。

1634 年，沙賈漢皇帝在去克什米爾避暑時途經拉合爾，一些對哈爾戈賓德祖師懷有敵意的人向皇帝進讒言，說祖師擁有軍隊，要建立國中之國，應該把錫克教消滅。沙賈漢對哈爾戈賓德祖師抱有戒心，但尚未對錫克教開殺戒。

　　有一天，沙賈漢皇帝在阿姆利則狩獵時，他餵養的一隻鷹被錫克教徒捉住。皇家的衛兵前去索要，但錫克教徒拒絕交還。沙賈漢皇帝得知此事後，大為震怒，這一事件成為導火線，使早已下決心要消滅錫克教的沙賈漢皇帝有了藉口，立即派軍隊圍攻錫克人，雙方展開激戰，傷亡慘重。

　　這次戰役後，為了保存實力，哈爾戈賓德祖師離開了阿姆利則，在旁遮普境內漫遊。沙賈漢皇帝也離開拉合爾前往克什米爾。數月後，沙賈漢皇帝的軍隊從克什米爾歸來時，在拉合爾又與錫克人展開激戰。1,200 多名錫克人在戰鬥中喪生，宮廷的軍隊也損失慘重，丟兵棄甲，返回阿格拉。哈爾戈賓德祖師數月後回到阿姆利則，但不久莫臥兒軍隊又來攻打，幾次戰役後，哈爾戈賓德祖師轉移到山區，在深山密林中度過了 10 年平靜的隱居生活。他臨終前指定他的孫子哈爾·萊為其繼承人。

# 六、第七代祖師　哈爾·萊

　　哈爾·萊於 (Har Rai)1630 年的一個月圓之夜出生，他是哈爾戈賓德祖師的長子拜爾·古迪特的次子，拜爾·古迪特先於哈爾戈賓德祖師而卒，留下了兩個兒子：迪爾·莫爾和哈爾·萊。哈爾戈賓德祖師經過慎重考慮，於 1645 年指定哈爾·萊為其繼承人，他牽著哈爾·萊的手，把他領到了祖師的寶座上。

　　哈爾·萊是個虔誠的教徒，性格內向溫和。他成為祖師後，居住在克拉特普爾。他一心修行，對戰爭和習武不感興趣，過著平靜的生活。

　　哈爾·萊集中精力致力於錫克教的教團和體制的建設，使錫克教的社會組織更加鞏固，他的聲譽引來無數的崇拜者。他與莫臥兒宮廷的關係也不錯。一次，沙賈漢皇帝的一個王子病得很厲害，需要幾種草藥。但皇室到處都找不著這幾種藥。有人對皇帝說，哈爾·萊祖師有這些藥。皇帝便派一個貴族為使者，帶信給哈爾·萊祖師，希望得到這些藥。哈爾·萊祖師很快找到了這些藥，把藥交給了使者。王子服藥後痊癒，還專程到旁遮普拜訪哈爾·萊祖師，並送厚禮致謝。

　　沙賈漢死於 1666 年 1 月 22 日，死前他的四個兒子為爭奪王位而大動干戈，展開混戰。沙賈漢的二兒子奧朗則布把沙賈漢皇帝作為人質，囚禁在阿格拉城堡，順利地奪得了王位。奧朗則布繼位後，對其兄弟展開追殺。他的哥哥達拉·謝赫本應繼承王位，失敗後逃往旁遮普。達拉·謝赫與哈爾·萊祖師的關係不錯，因而尋求哈爾·萊祖師的幫助。據說哈爾·萊派錫克軍隊幫助落難的王子。

　　奧朗則布皇帝知道後心生忿恨，決定殺掉哈爾·萊祖師。他宣詣召哈爾·萊祖師入宮，欲除之而後快。哈爾·萊祖師看穿了奧朗則布皇帝的用意，派其兒子拉姆·萊代替他入宮，並帶去了他給奧朗則布皇帝的一封信。哈爾·萊祖師在信中稱，自己是修行之人，無意參與宮廷事務。拉姆·萊經過長

途跋涉到達德里，見到了奧朗則布皇帝。拉姆·萊天質聰穎，能言善辯。當奧朗則布皇帝拿出《阿底格蘭特》，指著納那克祖師的一首頌詩說它冒犯了伊斯蘭教時，拉姆·萊機智地加以巧辯，奧朗則布對拉姆·萊的回答非常滿意。拉姆·萊從此待在宮廷中，贏得了奧朗則布的歡心。但哈爾·萊祖師和其他錫克教徒對拉姆·萊隨意解釋《阿底格蘭特》的做法非常不滿，認為這樣褻瀆了聖典和祖師納那克。天長日久，父子之間的隔閡日漸加深，哈爾·萊祖師剝奪了拉姆·萊繼承祖師職位的權利。

　　哈爾·萊祖師力避與莫臥兒王朝發生衝突，一心傳播錫克教，但仍然消除不了皇室對他的不滿和戒心。總體看來，哈爾·萊祖師時期，錫克教雖然也受到壓制，但處於和平時期。

　　1661 年，哈爾·萊祖師臨終前，任命他的二兒子哈爾·克里森為繼承人。當時哈爾·克里森還是個孩童，哈爾·萊祖師召集眾人圍繞他席地而坐，他把克里森抱上祖師的寶座，把 5 個硬幣和 1 個椰子放在他的面前，圍著他走了 3 圈，然後在他的前額上點上一個吉祥紅點。眾人起立，對克里森表示忠誠。哈爾·萊祖師要信徒把哈爾·克里森看作他的化身，絕對服從他。幾天後，哈爾·萊祖師逝世。

# 七、第八代祖師　哈爾克里森

　　哈爾克里森 (Harkrishan)1656 年生於卡拉特普爾，他繼承祖師的職位時年僅 5 歲。他的兄長拉姆·萊對此非常不滿，寫信給奧朗則布皇帝，稱因為他忠於皇帝，他的父親哈爾·萊才剝奪了他繼承祖師職位的權利，把職位傳給了他的弟弟克里森。奧朗則布接到拉姆·萊的信後，要齋普爾王傑·辛格召哈爾克里森祖師入宮。傑·辛格派一個官員作為使者到克拉特普爾見哈爾克里森祖師，謊稱皇帝邀請哈爾克里森祖師到皇宮中去。哈爾克里森祖師知道去了凶多吉少，拒絕去德里。使者又稱，德里的錫克教徒渴望見到祖師，親耳聆聽他的教誨。經過軟纏硬磨，哈爾克里森祖師終於被說服了，決定啟程去德里。

　　當哈爾克里森祖師到達德里時，許多錫克教徒等在那裏歡迎他。奧朗則布派他的兒子馬紮姆接待哈爾克里森祖師。王子是個虔誠的伊斯蘭教徒，經過與哈爾克里森祖師一番交談後，對哈爾克里森祖師非常敬佩，向父皇報告了哈爾克里森祖師的情況，對祖師充滿溢美之詞。哈爾克里森祖師在宮中住了幾日後，由於長途勞累，天氣炎熱，再加上水土不服，染上了重病，高燒不退，眼睛紅腫。為了更好地養病，他搬出了皇宮，住在齋普爾，不幸又染上了天花。

　　哈爾克里森祖師知道自己的日子不多了，便召集徒眾告

別。由於哈爾克里森祖師尚未成婚，沒有子嗣，他手持 5 個硬幣和 1 個椰子搖晃了 3 次，口中喃喃說道：「巴巴‧巴卡拉」，便閉上了眼睛，逝世時年僅 8 歲（1664）。巴巴‧巴卡拉是一個村莊的名字，這意味著他的繼承人在這一村子裡。

# 八、第九代祖師　泰格‧巴哈杜爾

　　泰格‧巴哈杜爾 (Tegh Bahadur) 祖師於 1621 年生於阿姆利則，原名為泰亞格莫爾。他是第六代祖師哈爾戈賓德的小兒子。他從小就對宗教非常感興趣，且善騎能射，英勇善戰。1634 年，他曾經參加過抗擊莫臥兒軍隊的戰鬥。他的父親哈爾戈賓德見他善用短劍，將他的名字從泰亞格莫爾改為泰格‧巴哈杜爾，意為「持短劍的勇士」。

　　泰格‧巴哈杜爾與古佳麗結婚後，在巴卡拉村定居。由於克里森祖師臨終前說下一個祖師將出在巴卡拉村，許多想當祖師的人都湧向巴卡拉村，最後有 22 個人都自稱是祖師，並收取前去朝聖的信徒的財物。根據錫克教的傳說，一次，一個名叫莫罕的古吉拉特的商人在乘船旅行時遇上了風暴，命在旦夕，他在船快要沉入海中時許願說：如果能逃過此劫，他將向祖師獻上 500 枚金幣。他獲救後為了還願，來到了旁遮普的巴卡拉村，準備向祖師奉獻金幣。但出乎意料的是，莫罕發現有 22 個人都自稱是祖師，一時難辨真假。他決定用自己的智慧辨別誰是真正的祖師。他一一拜訪了這 22 個自稱

祖師的人，向每人奉獻了 2 枚金幣。他知道，只有真正的祖師知道他許的願，理解他奉獻金幣的意義。但令他失望的是，這，22 個所謂的祖師收下金幣後都沒有任何跡象表明知道他沉船時的許願。後來，他聽人說起泰格·巴哈杜爾的名字，便前去謁見，並奉上 2 枚金幣。當泰格·巴哈杜爾看見這 2 枚金幣時，便問：「你怎麼只拿出 2 枚金幣獻給祖師，沉船時許願的 500 枚金幣哪裡去了？」

莫罕聽聞此言，興奮地大叫：「我找到真正的祖師了！我找到真正的祖師了！」聽到喊聲，錫克教徒都聚集在泰格·巴哈杜爾的門前，泰格·巴哈杜爾從此成為公認的第九代祖師，當時他已經 43 歲（1664）。

泰格·巴哈杜爾當上祖師後，日子並不順心，他的兄長等人對他非常嫉妒，公開反對他。他定居在馬哈瓦爾村。為了擺脫煩惱，也為了開闊眼界，他外出漫遊，遊覽了印度教的聖地阿逾陀（印度教大神羅摩的出生地）、哈德瓦等。多年後，當他返回旁遮普時，發現奧朗則布的宗教高壓政策使非伊斯蘭宗教陷入困境。非穆斯林教徒遭受壓迫，錫克教也未能倖免，許多錫克教寺廟被拆除。

為了挽救錫克教，泰格·巴哈杜爾祖師挺身而出，做出了一個大膽的決定，前往德里勸說奧朗則布皇帝改變宗教政策。奧朗則布是一個心狠手辣的暴君，連自己的父親和兄弟都不放過，更不會對別人仁慈。泰格·巴哈杜爾祖師的這一舉動無疑是與虎謀皮，自投羅網。當他與隨從歷盡艱辛到達

德里時，便被奧朗則布皇帝囚禁起來。奧朗則布皇帝強迫他皈依伊斯蘭教，被他拒絕。泰格·巴哈杜爾祖師的兩個隨從一個被放在熱鍋上蒸死，一個被用布裹著投入火中燒死。泰格·巴哈杜爾祖師在忍受了種種酷刑後堅強不屈，莫臥兒宮廷強迫泰格·巴哈杜爾改信伊斯蘭教，否則就面臨死亡時，他選擇了死亡。他說：「我寧願失去生命，也不願失去信仰。」

1675 年，泰格·巴哈杜爾祖師被斬首，成為第二個為錫克教殉難的祖師。他的屍體和頭顱被掛在城門上示眾，且有重兵守衛。在一個伸手不見五指的夜晚，幾個虔誠的錫克教徒把泰格·巴哈杜爾祖師的遺體偷了出來，用馬車運到自己的住處，然後點火焚燒了房子。

# 九、第十代祖師　戈賓德·辛格

泰格·巴哈杜爾祖師殉難後，錫克教處於困難時期，他 9 歲的兒子戈賓德·辛格 (Gobind Singh) 成為第十代祖師。

戈賓德·辛格雖然年幼，卻胸有大志。他潛心苦學，每天在閻木拿河邊吟誦經典。另一方面，父親的慘死使他立志發展錫克教的軍隊，為父親報仇。

據說他有 3 個妻子，4 個兒子。隨著他的名聲日增，阿薩姆的土邦王拉姆的兒子拉坦·萊成為他的信徒。1680 年，拉坦·萊專程到阿南德普爾 (Anadpur) 拜訪戈賓德·辛格祖師，並給祖師帶了許多貴重的禮物，其中包括大象、武器和

珠寶等。

戈賓德·辛格祖師致力於發展錫克教的軍隊。他武功高強，英勇善戰，曾經率領錫克軍隊支援土邦王造反，抗擊莫臥兒王朝的軍隊。據說一個帕坦將領率 500 名帕坦人脫離莫臥兒軍隊，投向戈賓德·辛格祖師。

納漢 (Nahan) 的土邦王曼迪·帕克西 (Medni Parkash) 對戈賓德·辛格祖師非常尊敬。一次，他邀請戈賓德·辛格祖師到納漢小住，二人一見如故，成為知交。他們在納漢與貝拉斯普爾 (Bilaspur) 的交界地區建造了一座城堡，取名帕爾納 (Paonta)。戈賓德·辛格祖師在帕爾納城堡居住了幾年，招募軍隊，並由經驗豐富的將領進行訓練和指揮。帕爾納成為錫克軍隊的一個據點。

錫克教軍隊在帕爾納的日益壯大引起了周圍地區的一些土邦王的嫉妒和恐慌，他們感到錫克教的軍隊將對他們造成威脅和災難。在與祖師一直有過結的貝拉斯普爾 (Bilaspur) 的土邦王比姆·錢德 (Bhim Chand) 的煽動下，一些土邦王起來圍攻錫克軍隊。經過浴血奮戰，戈賓德·辛格祖師指揮軍隊終於打敗了土邦王的聯軍。這次戰役後，戈賓德·辛格祖師離開了帕爾納，回到阿南德普爾。此後許多年，戈賓德·辛格與阿南德普爾周圍的土邦王一直保持友好關係。這些土邦王聯合抗稅，不向莫臥兒王朝進貢，引來了莫臥兒軍隊的圍攻。戈賓德·辛格與土邦王們一起聯合抗擊莫臥兒軍隊。祖師的行為使莫臥兒宮廷震怒，派重兵圍剿祖師，但都失敗

了。奧朗則布皇帝最後派王子馬紮姆到旁遮普遠征，平息了土邦王的叛亂，戈賓德·辛格祖師僥倖脫險。

戈賓德·辛格祖師一直為一種信念和理想而戰，為了這一信念，他於1699年頒佈了一個法令，創立了錫克教的軍事教團組織——「卡爾沙」。「卡爾沙」，原意為純潔，引申為「純潔之團體」之意，是第十世祖師戈賓德·辛格創立的錫克教軍團。錫克教徒要舉行一定的儀式，才能加入「卡爾沙」。

「卡爾沙」把精神的信仰和體驗與軍事組織完美地結合在一起，成為錫克教精神信仰和團結的象徵。戈賓德·辛格祖師破除種姓歧視，主張人人平等，使教徒團結在一個旗幟下。它把普普通通的信徒變成雄獅般勇敢的神聖戰士。他對錫克教的最大貢獻是他創立了五K制度和真正的錫克教軍隊，使崇尚武力成為錫克教的重要特徵。

他要求男信徒在受洗禮後在自己的名字後面加上「辛格」（獅子），把他們培養成虔誠、勇敢、堅強、富於犧牲精神的忠實信徒。在他的感召下，大批青年加入「卡爾沙」。

比姆·錢德(Bhim Chand)土邦王對此非常擔憂，決意要趕走戈賓德·辛格祖師。他寫信給祖師，要祖師離開阿南德普爾，或者付租金。祖師當時已經買下了這片地，因而拒絕了土邦王的無理要求。雙方又起戰火，幾次戰役後，土邦王寫信向莫臥兒皇帝求助。皇帝寫信給信德的總督瓦茲爾·可汗(Wazir Khan)，要他出兵攻打錫克教團。在大兵壓境的情況下，許多錫克教徒要求戈賓德·辛格祖師撤出阿南德普爾，

被祖師拒絕。幾經周折，在大家的勸說下，祖師終於同意撤出。但莫臥兒軍隊在後面緊緊追趕。在渡西爾沙 (Sirsa) 河時，祖師與家人失散，一個僕人背叛了他，把他的兩個兒子和母親交給了莫臥兒軍隊的首領。首領又把他們轉交給信德的總督瓦茲爾‧可汗 (Wazir Khan)。總督誘騙祖師兩個年幼的兒子（一個 7 歲，一個 9 歲）皈依伊斯蘭教，被拒絕。最後，兩個孩子被活埋在城牆裡，祖母聽到兩個孫子的噩耗後傷心而死。

戈賓德‧辛格祖師渡過西爾沙 (Sirsa) 河後，來到恰姆考利 (Chamkauri) 村，但不久追兵又至，包圍了村子。戈賓德‧辛格祖師奮力突圍，但寡不敵眾，祖師的兩個兒子阿季特‧辛格 (Ajit Singh) 和吉胡賈爾 (Jhujjar) 與 35 名錫克教士兵在突圍中陣亡。戈賓德‧辛格祖師突破重圍後，向瑪其瓦爾 (Machiwara) 叢林轉移。最後來到了瑪其瓦爾 (Machiwara) 城，只有兩個隨從跟著他，到處都是追兵。在莫臥兒軍隊快要捉住戈賓德‧辛格祖師時，兩個機智的帕坦人救了他。他們讓戈賓德‧辛格祖師化妝成穆爾坦的穆斯林聖人烏齊‧卡‧培爾 (Uch Ka Pir)，躲過了莫臥兒士兵的搜捕。

戈賓德‧辛格祖師歷經千難萬險，終於抵達迪納 (Dina)，居住在克德拉納 (Khidrana)。一些錫克教徒慕名而來，追隨祖師，錫克教的聲勢逐漸壯大。1706 年，莫臥兒軍隊又來圍剿祖師，錫克軍隊拚死抵抗，最後終於打退了莫臥兒軍隊。

戈賓德‧辛格祖師擊退莫臥兒軍隊後名聲大振。為了更

好地發展錫克教,祖師遷到塔爾萬迪·沙堡 (Talwandi Sabo)。在那裡,他一面宣傳錫克教教義,一邊重建錫克軍隊。每天都有許多人接受洗禮,加入「卡爾沙」。在短短的時間內就發展到 12 萬多人。

為了為錫克教的發展創造和平的環境,戈賓德·辛格祖師給奧朗則布皇帝寫了一封措辭懇切的信,表明自己無意與莫臥兒王朝為敵。奧朗則布皇帝被信的內容所打動,下令軍隊不要再去追殺祖師。

1707 年,奧朗則布皇帝去世,巴哈杜爾王子繼承王位。戈賓德·辛格祖師與新皇帝巴哈杜爾建立了良好的關係。新皇帝邀請祖師到阿格拉,並贈厚禮。巴哈杜爾皇帝到德干高原平息其兄卡姆·巴克西的叛亂時,戈賓德祖師也跟隨前往。

有一天,戈賓德·辛格祖師在南迪德 (Nanded),兩個帕坦青年闖進祖師的帳篷,看見只有祖師獨自一人,便拔刀刺向戈賓德·辛格祖師,然後倉皇逃跑。戈賓德·辛格祖師受傷後,知道自己的日子不多了,便把教徒召集在一起,對他們說,祖師的傳承到他為止,以後信徒要以聖典《阿底格蘭特》為十世祖師的象徵。1708 年 10 月 7 日,戈賓德·辛格祖師逝世。

戈賓德·辛格祖師一生花了許多時間編纂錫克教經典。

# 第三章

# 錫克教的教義、聖典和組織

就像一束火焰迸發出萬朵火花，
四散的火花落下時又聚集在一起；
就像無數細流源於同一條小溪，
最終又匯聚這裡；
無生命的事物與有生命的生物皆來自神，
他們來源於神又復歸於神。

# 第一節　教義和信仰

　　錫克教最初是在印度教虔誠派（巴克提）運動蓬勃發展過程中湧現出來的一個新的宗教派別，經過長期的發展演變，逐漸擺脫印度教的影響，成為一個獨立的宗教。

　　錫克教的創始人納那克精通印度教聖典和伊斯蘭教的《古蘭經》，也目睹了印伊兩教的衝突紛爭。他認為兩教都有局限性，因而試圖超脫於印度教與伊斯蘭教的紛爭，建立一個統一的宗教。納那克曾說：「既沒有印度教徒，也沒有穆斯林。我將追隨神，神既不是印度教徒，也不是穆斯林，我所選定的是神的道路。」他聲稱神已向他下諭，選定他在世界上傳播福音。實際上，他的教義是在印度教虔誠派思想的基礎上，攝取伊斯蘭教蘇菲派的神秘主義因素而形成的。納那克死後，歷代祖師又逐漸發展了錫克教的宗教信仰和教義，形成一套完整的思想體系。

## 一、嚴格的一神論

　　與印度教的多神論不同，錫克教提倡嚴格的一神教，只崇拜一個神。對於這個神，他們作了詳細論述，大致可歸結為下列幾點：

## 1. 神是唯一的

納那克教義的精髓由三個觀念組成，即一個神、一個師尊、一個真名。

納那克說：「神是唯一的，只有一個神。」、「最高存在是唯一的、永恆的，他顯現在萬物中，是萬物的創造者。……他無懼無敵，無始無終，無形無象，不生不死，……他是唯一的創世者。」他認為，有的人削髮為僧，有的人修瑜伽苦行，有的人稱自己為印度教徒，有的人稱自己為穆斯林。實際上，大家崇拜的都是同一個神，即唯一的神。唯一的神是一切宗教的崇拜對象，即是印度教崇拜的羅摩，也是伊斯蘭教崇拜的真主。納那克說：「只有一個神，它的名字是永恆真理。」在他的心目中，神是一種無形的理性或精神。

一個師尊，即只有一個祖師作為神的使者傳播教義和福音。納那克非常強調祖師的作用（關於這一點將在下面作詳細闡述）。

一個真名，是說唯一的神顯現為唯一的真名。真名是神的顯現。實際上，真名是神同義詞。納那克曾說：「自存的神顯現為真名，然後創造出宇宙」。（《阿底格蘭特》，頁 4。）

## 2. 神是宇宙的創造者

錫克教認為，唯一的神是宇宙的創造者，神創造了大千世界中形形色色的萬物，並主宰著芸芸眾生。聖典《阿底格

蘭特》曾詳盡地描繪了創世前的混沌狀態及創世過程：

> 太初，黑暗籠罩著虛空，混沌一片。
> 沒有地，沒有天，只有無限的意志；
> 沒有黑夜，沒有白晝，
> 沒有太陽，沒有月亮，
> 神處於憩息的狀態。
> 沒有創造之源，
> 沒有語言，沒有空氣，
> 沒有水，
> 無生亦無死，
> 無來亦無去，
> 無地域，
> 無七海，
> 無上下世界。
> 梵天、毗濕奴和濕婆三大神亦不存在。
> 沒有萬物，
> 只有絕對的神。（《阿底格蘭特》，頁 1035。）

　　面對這茫茫一片的混沌狀態，神決定創造世界，於是就憑自己的意志，先從虛空中分出天地，然後創造出草木萬物，飛禽走獸，最後創造出人類，並賦於人類聰明智慧。

　　錫克教的神創世說與印度教的梵天創世說非常相似，甚

至連描繪的語言也與《奧義書》中描繪創世的語言類似。然而，不同的是神取代了梵天，梵天在這裡沒有一席之地。此外，錫克教反對印度教吠檀多不二論的代表商羯羅把世界視為虛假的幻象的觀點，堅持世界的真實性。納那克認為，既然創世主——神是真實存在著的，神所創造的世界也是真實的，所以，宇宙萬物都是真實的存在，而不是什麼虛假的幻象。

錫克教的這種世界真實性觀點與虔誠派運動的先驅羅摩努闍的觀點是一致的。羅摩努闍曾用因果律來論證世界的真實性。他認為，梵是世界的創造者、維持者和毀滅者，因而他是世界的目的因和質料因。按照因果律，原因是真實的，結果也應該真實。既然世界的原因梵是真實的，那麼，作為結果的世界和萬物也是真實的。伽比爾也承認世界的真實性，錫克教在這點上承襲了他們的觀點。

## 3. 神是全知全能的

錫克教認為，神創造了千差萬別的事物和千變萬化的宇宙，這充分顯示了神的全知全能。神是唯一的，也是自存自顯、自足圓滿的。他遍滿一切、無時不在、無處不有、無所不知、無所不能。神超越時空、不生不滅、無形無象，是無限、永恆的絕對存在，也是一種純粹的精神和聖潔的光輝。

## 4.神是公正的、仁慈的

神不僅創造了宇宙世界，而且主宰著宇宙世界。神是公正無私的，他揚善抑惡，對每個人的善惡行為都加以評判。神對任何人都是一視同仁的，在神面前，人人平等，沒有高低貴賤之分，因為眾生都是神的子民。神是仁慈的，以他博大的胸懷普愛眾生，把恩惠賜於每一個子民，使天下民眾享受歡樂和幸福。

# 二、業報輪迴說

錫克教與印度其他宗教一樣，宣揚業報輪迴說。第五代祖師阿爾瓊認為，芸芸眾生皆依業報規律在無數劫中輪迴，業報規律即是說人因自己的行為而得到不同的行為結果。「善有善報，惡有惡報」。昔日是鳥、蟲、魚、象，經過歷劫輪迴，依靠積德行善，方能修行成人。人的現世狀態由前世的行為（業）決定，現世的行為又決定他的來世。

人不只是生物進化過程的最高產物，而且是唯一的神精心創造的生物。人有自由意志，有明辨是非的能力，有一定的道德標準。然而，由於摩耶（幻）的遮蔽，人無法感知神，與神達到統一。因此，摩耶是阻礙人們認識真理、認識神的障礙。善行雖然可以得到好的結果，仍無法使人親證神，無法達到解脫。要從業報輪迴的束縛中解脫出來，只有依靠祖

師的指導和神的惠顧。

# 三、祖師的職責

　　錫克教非常強調祖師的作用，這是它區別於其他宗教的一個顯著特點。祖師被視為神的使者。錫克教認為，依靠智慧不能理解或認識神，通過祭祀儀式也不能博得神的歡心，只學習聖典也不能親證神，無論是吠陀或其他聖典都無法揭示神的神秘面目，只有祖師能使人們目睹神的光輝。「沒有祖師的指導和關懷，我們無法知道真理，每人的心中都有神秘莫測的神。」（《阿底格蘭特》，頁 1093。）錫克教強調祖師的作用，是受了虔誠派的影響。羅摩努闍非常強調導師的作用，認為只靠個人的虔信還無法達到解脫，必須要有古魯或導師的指導，只有在古魯的指導下，才能通過虔信認識最高神。羅摩努闍的這種思想對後來的虔誠派影響很大，也被錫克教所吸收。

　　祖師有兩種職責：一方面，他是神的使者，享有令人瞻目的威望和無上的權力；另一方面，他又是神的僕從。納那克曾說自己是出身低微的遊吟詩人，是神賜予他吟唱的曲調。祖師是神的使徒，傳播神的福音。通過祖師，人們可以聆聽神的教誨，目睹神的風采。沒有祖師，人們就無法接近神。「正如杯中盛水，沒有水就用不著杯子一樣，思想受到神聖知識的制約，但沒有祖師就不會有神聖的知識。」（同上書，

頁 469。）

因此，祖師是神的代言人，或者可以說祖師是神的化身。

錫克教的祖師特別重視所謂神的預言，納那克說：「預言不僅僅是神的語言，它是神的化身。正是通過它，神向人類顯現了自身的存在。」（《阿底格蘭特》，頁 473。）

錫克教的祖師崇拜很盛行，教徒們奉祖師為神明，親身侍奉，畢恭畢敬。祖師的傳承不是通過民主形式選出，而是由前任祖師指定自己的繼承人。

## 四、解脫

錫克教也和印度其他宗教一樣，把解脫作為最終目的。他們認為現實社會充滿痛苦，歸結起來，痛苦分為五種：⑴愛別離苦（與所愛的人分離之苦）；⑵饑餓之苦；⑶生死輪迴與暴政之苦；⑷疾病之苦；⑸精神之苦。

納那克所說的痛苦與佛教所列舉的痛苦大體相同，既有個人身心的痛苦，也有社會造成的苦難。納那克生活的時代是一個充滿矛盾和痛苦的時代，宗教矛盾和民族矛盾日益突出，伊斯蘭教內部派別之間的紛爭與日俱增，當權者驕橫殘暴，廣大群眾處在水深火熱之中，感到迷茫和絕望。納那克的思想反映了當時下層群眾的心理願望。納那克與伊斯蘭教蘇菲派不同的是，蘇菲派面對痛苦主張消極遁世，納那克則主張採取積極入世的態度。他認為，生活中有痛苦也有歡樂，

人們能夠戰勝痛苦，獲得幸福和歡樂。人生的目的就是要從痛苦中得到解脫。解脫是個體靈魂擺脫業的束縛、與神結合的一種境界，是一種無苦無欲、自由歡樂的境界。這種境界人們只可親身體驗，難以用語言描述清楚。他對解脫作了如下的描述：

就像一束火焰迸發出萬朵火花，
四散的火花落下時又聚集在一起；
就像無數細流源於同一條小溪，
最終又匯聚這裡；
無生命的事物與有生命的生物皆來自神，
他們來源於神又復歸於神。（《阿底格蘭特》，頁 747。）

　　錫克教承認有天堂或彼岸世界，但認為天堂福地並非九霄雲外的太虛幻境，而是與現實世界緊密相連的精神世界。「哪裡唱起神的讚歌，哪裡就是天堂。」（同上書，頁749。）

　　阿爾瓊祖師說：「讚美神之處就是天堂，反之，罪惡滋生之地就是地獄。」（同上書，頁315。）

　　那麼，怎樣叩開天堂之門，達到解脫呢？錫克教認為：要達到解脫，必須在祖師的指導下，努力修行，默念神的名字，追求真理。只有這樣，才能得到神的恩寵，從而達到靈魂與神同在的解脫境界。

　　如何認識最高神呢？納那克認為，認識最高神的方法是

將自己完全交給神，獻身於神。人是神之子，當人將自己與世俗世界和肉體等同時，他是有生死的。通過與神的結合，他可以得到永生。就像火中的火花和大海裡的浪花一樣，個人從神那裡來，神的部分顯現。通過虔信修行，最終成為完美的個體。

納那克說：「瑜伽不是在身體上塗滿灰，不是在耳朵上穿孔，或者剃鬚……瑜伽是出污泥而不染，這才是瑜伽要達到的境界。」

錫克教把默念神的名字作為修行的重要方法，強調主觀精神作用。錫克教第四代祖師拉姆·達斯認為：「肉體屬於物質世界，但精神或靈魂是神的立足之地。」神居住於真理之境，無形無象。因而信徒只有求得祖師的指導，時刻默想神的名字，才能一步步接近神。神是非常和藹仁慈的，你靠近他一步，他就靠近你十步。《阿底格蘭特》中有一首讚歌這樣描繪道：

> 讓你的心兒唱起讚歌，
> 讚美無形的「唯一」（神），
> 這是你正確的道路。念誦他芬芳的名字，
> 使你的唇舌保持潔淨，使你的心靈得到安寧。
> 當你驚喜地注視神的顯現，
> 虔誠的意識使你對周圍一切存在視而不見。
> 追隨著神，寸步不離，抑制邪念。

用你的雙手為神效力，

用你的耳聆聽神的聖言。

這樣你的生活由於神的讚許而日臻完善。（《阿底格蘭特》，頁 28。）


　　由此可知，錫克教是嚴格的一神教，強調神是唯一的；神是宇宙的創造者和主宰者；它超越時空、不生不滅、無處不在、無所不能、無形無象，神也是一種真理、真名，一種理性的精神、一種聖潔的光輝。只靠人類理智無法理解神，只有依靠祖師的指導，通過神秘的直覺，才能與神交往，親證神。這些思想帶有較強的蘇菲派神秘主義色彩。另外，錫克教又接受了印度教關於業報輪迴、解脫的教義，宣揚眾生皆依業受報，轉世輪迴。只有在祖師的指導下，努力修行，默念神的名字，才能斷滅輪迴，使靈魂與神結合，獲得解脫。

# 五、倫理思想

　　錫克教的社會倫理思想包括反對印度教的種姓制度和繁瑣教規，反對偶像崇拜和歧視婦女，提倡平等友愛、勞動的價值和非暴力等方面。

　　錫克教堅決反對種姓制度和種姓壓迫，認為印度教的種姓制度是違背神的意志的，因為「神的光輝普照萬物，萬物皆可得到神的照拂。」因此，人在神的面前都是平等的，沒有

貴賤之分，沒有種姓之別。首陀羅與婆羅門一樣，都可以親證神，都可以獲得解脫。錫克教吸收教徒時沒有種姓限制，正像阿姆利則城的金廟有四個大門對四種姓敞開一樣，任何人都可成為錫克教徒。錫克教第五代祖師阿爾瓊曾說：「這種神聖的教義是為一切種姓、婆羅門、剎帝利、吠舍和首陀羅服務的，任何人只要口誦神的名字，在祖師的指導下，就能從黑暗的生活中解脫。」（《阿底格蘭特》，頁747。）

　　錫克教反對繁瑣的祭祀儀式，反對苦行和偶像崇拜。納那克和伽比爾一樣，反對印度教和伊斯蘭教的形式主義，認為崇拜偶像或到聖地朝聖，都無助於解脫。只有崇拜真理，才能獲得解脫。

　　他寫道：

宗教不只是言詞；
惟視眾生平等者才是真正篤信宗教。
宗教決非去墓地和火葬場徘徊或跪坐祈禱，
到國外朝聖或在聖河沐浴也不是皈依宗教。
要不潔的世界保持純淨，
這樣你才能發現通往宗教之大道。

　　他還說：

崇拜一個偶像，到聖地朝聖，在沙漠中修行，但思想並

未得到淨化。要想得到解脫，就必須崇拜真理。

納那克和印度教虔誠派大師羅摩努闍一樣，認為愛是宗教的本質，他說：「寬恕是愛的最高力量」、「有寬恕的地方就是天堂」、「如果有人惡語傷了你，寬恕他」、「忍耐精神、肉體和靈魂的痛苦，幫助受難者不惜付出生命」。

對於納那克來說，人類生存的主要意義和目的在於親證最高神的神聖存在。最高神是宇宙的創造者、維護者和毀滅者。

納那克反對極端的禁欲主義和享樂主義，而倡導一種介於兩者之間的中間道路。他宣稱：

以克制為熔爐，以順從為金匠，
以理解為鐵砧，以神學為工具，
以畏神為風箱，以苦行為爐火，
以愛神為煉爐，將神名溶化於其中。
經文將在這真正的作坊中鑄成文字，
這就是神以愛寵的目光注視的信徒必行之功。

錫克教不是出世的宗教，而是入世的宗教。它反對消極的遁世苦行，鼓勵人們積極參與社會生活，從事各種社會勞動。錫克教鄙視不勞而獲的寄生蟲生活，強調勞動的價值。主張自食其力，人人都應參加勞動，職業沒有貴賤之分。納

那克祖師說:「自食其力,並與他人分享勞動成果,就是正確的生活道路。」納那克自己也從事勞動。遊手好閒,無所事事,是錫克教徒所不能容忍的。

在印度中世紀,婦女的社會地位很低,十分悲慘。印度教對婦女非常歧視,婦女和首陀羅一樣不准讀誦吠陀,不准參加祭祀儀式。女孩未出嫁時受父親管教,出嫁後唯夫命是從,丈夫死後要受兒子的管制。此外,還有許多野蠻迫害婦女的陋習,如童婚、寡婦殉葬等。還有一些印度教家庭存在著溺嬰的風氣,女孩子一生下來,就被扔進便盆裡溺死。伊斯蘭教也有種種歧視婦女的規定,如一夫多妻、婦女不得在公眾場合露面等。錫克教反對歧視婦女,納那克曾對童婚、寡婦殉葬等陋習作了激烈的抨擊,熱情讚揚婦女的偉大。他說,能生出帝王、仙人和英雄的婦女,在男人面前怎麼能一錢不值呢?怎麼能說她們低賤、微不足道呢?他寫道:「正是婦女(被人歧視的婦女)給了我們生命,正是婦女與我們訂婚結為夫妻,婦女是我們漫長生活道路上的伴侶,我們的種族依靠她們來繁衍、延續。妻子死了,丈夫可以另娶,通過婦女,我們建立起廣泛的社會聯繫。為什麼要歧視她們?即使是國王的生命也是由她們所賦與!」(《阿底格蘭特》,頁473。)

納那克主張尊重婦女,提高婦女的社會地位。婦女不僅可以和男子一樣讀誦經典,參加宗教儀式,而且可以作為宗教儀式的主持者。17世紀,戈賓德・辛格祖師創立了錫克教

徒的洗禮儀式（劍禮），並讓他的妻子參加主持這個儀式。這在當時具有重要的意義，標誌著婦女地位的提高。因為按照印度教的傳統，婦女是不潔的，不能參加宗教儀式。

錫克教實行一夫一妻制，認為婚姻是神聖的，夫妻應和睦相處，互敬互愛，白首偕老。錫克教不鼓勵離婚，但允許離婚，寡婦可以再嫁。

納那克祖師是一個偉大的思想家，他大膽否定吠陀經典的神聖權威，反對偶像崇拜和繁瑣的祭祀儀式。後來的祖師繼承、發展了納那克的這些思想，制定了錫克教的教規。教規有四條：

㈠禁止抽煙、喝酒；

㈡婚姻神聖，一夫一妻；

㈢不拜偶像，冥冥之中自有主宰；

㈣終身必須遵行「五 K」（即五件事，因為這五件事頭一個字母均為 K）：蓄長髮、戴髮梳；佩短劍；戴鐵手鐲；穿短褲、長衫過膝；保護弱小和隨時準備戰鬥。

錫克教的倫理思想是進步、合理的。面對社會上的種種落後、野蠻和不平等現象，納那克祖師旗幟鮮明地提出自己的主張，反對種姓壓迫，提倡人人平等；反對不勞而獲，提倡自食其力；反對歧視婦女，主張提高婦女的社會地位；反對偶像崇拜和教派紛爭，主張平等互愛，虔信唯一的神。這些思想像一股勁風，衝擊著當時的世俗偏見和陳規陋習，使人耳目為之一新，因而具有很強的感召力。許多印度教徒，

尤其是低種姓和賤民紛紛改信錫克教，還有一些穆斯林也追隨納那克，成為錫克教信徒。

在長期的發展演變過程中，錫克教的教義和信仰得到豐富和完善，歷代祖師和宗教改革運動的領袖都致力於教義的發展，為它增添新的內容，使它成為更系統全面的思想體系。當代錫克教領袖更積極地參與政治，關注世俗利益，因而在宗教理論方面缺少創新和發展。

# 第二節　聖典《阿底格蘭特》

錫克教的主要經典是《阿底格蘭特》(Adi Granth)，意為「原初經典」，也叫《格蘭特·沙哈布》(Granth Sahib)。

《阿底格蘭特》是錫克教的第五代祖師阿爾瓊在位時編纂的，內容廣泛，篇幅浩繁，共收集 3,384 首讚歌，15,575 詩節。內容主要是闡述錫克教教義，宣揚歷代祖師的生平事蹟，並彙集了祖師所作的讚歌。《阿底格蘭特》開頭部分的晨歌包括納那克祖師所寫的 38 首讚歌和首尾兩首引頌，概括了錫克教的基本信仰，是錫克教信徒每天早晨必讀的經文。《阿底格蘭特》主要用旁遮普文寫成，也雜有用梵文、古吉拉特文、印地文、馬拉地文和波斯文寫成的章節，內容豐富多采，體例不拘一格。《阿底格蘭特》是錫克教崇奉的重要聖典。

錫克教反對偶像崇拜，寺廟裡不供奉任何偶像，只供奉

《阿底格蘭特》。十世祖師戈賓德・辛格臨終前宣佈祖師傳承制度結束，以後的信徒把《阿底格蘭特》作為祖師的化身。

　　錫克教的經典除了《阿底格蘭特》之外，還有一部成書於第十代祖師戈賓德・辛格時期的《十祖聖典》。《十祖聖典》是由佩・摩尼・辛格於 1734 年編纂而成的。

# 第三節　組織和制度

　　在漫長的歷史發展過程中，錫克教逐漸形成一套完整的制度，這些制度都有相應的社會和倫理學說做基礎並構成了錫克教的鮮明特色。

## 一、祖師 (Guru) 傳承制度

　　「祖師」是梵文 Guru 的意譯，音譯為「古魯」。「古魯」是錫克教中最重要的一個辭彙，有幾種含義：其一、指永恆的最高神，第五代祖師阿爾瓊宣稱：「真正的祖師就是最高神」，「我的祖師是原人、薄伽梵和梵天。」其二、指錫克教的祖師，他們是人類，但是神的使者。其三、指錫克教的聖典《阿底格蘭特》。第十代祖師戈賓德・辛格臨終前，宣佈祖師的傳承制結束，以後以《阿底格蘭特》為祖師。

　　祖師傳承制是錫克教獨具特色的一種制度，它非常強調

祖師的作用。在錫克教中，祖師是信徒崇拜的對象，他是神的化身，是神派到人間的使者，他的聲音就是神的聲音。錫克教強調對祖師的崇拜和絕對服從，服從祖師是一種宗教責任。

納那克祖師非常強調祖師的作用：

真理之舟通過祖師的智慧渡我們到彼岸……
沒有祖師的幫助，我們如何到達彼岸？

——《阿底格蘭特》，頁 20。

錫克教在早期發展過程中，共出現過 10 位祖師。第十代祖師戈賓德‧辛格臨終時，宣佈祖師傳承制結束，信徒以後應把錫克教的聖典《阿底格蘭特》奉為祖師。

# 二、公社（卡爾沙）

「卡爾沙」(Khalsa)，原意為「純潔」，也指純潔的國土，引申為「公社」，是第十代祖師戈賓德‧辛格於 1699 年創立的錫克教社團組織。戈賓德‧辛格祖師建立「卡爾沙」的目的是為了打破原來的祖師建立起來的教區，限制教主的權力，這些教主是以前的祖師指定的，多年來羽翼漸豐，各自為王，漸成獨立之勢，損害了祖師的絕對權威。因此，戈賓德‧辛

格祖師決心建立「卡爾沙」以取代以前的教區制。並規定了五K制，即錫克教的五種教規。從此，錫克教徒在行為準則和服飾上以五K區別於其他宗教。

戈賓德祖師非常重視「卡爾沙」的作用，把它視為自己的生命。他說：「卡爾沙是我的另一個靈魂，有了它我才能生活、存在和行動」。

錫克教徒要通過一定的儀式（劍禮儀式）才能成為「卡爾沙」的成員。

戈賓德祖師在創立卡爾沙時宣稱，人都是神創造的，生來就是平等、自由的兄弟。沒有國王和流浪者之分。國家不屬於國王，國王屬於國家，國家屬於人民。國王的權力是人民給的。如果國王昏庸，人民應該起來推翻他的統治。

他強調，沒有政治上的自由，就沒有宗教、社會和經濟的自由。只有通過武力才能得到政治自由，為消除壓迫和不公正而戰是教徒的天職。

「卡爾沙」的創立具有重要的歷史意義。戈賓德·辛格祖師創立「卡爾沙」的目的是將錫克教徒武裝起來，反抗莫臥兒帝國對錫克教的迫害。他提倡神聖的軍事主義，使錫克教的社團從一個社會組織轉變為一個軍事組織；使普通的錫克教徒轉變為神聖的戰士。他規定錫克教徒要蓄長髮，戴髮梳，穿長衫，佩短劍，戴鐵手鐲。「卡爾沙」把虔信和力量、道德與精神、軍事完美地結合在一起，成為錫克教獨具特色的社團組織。

# 三、教區制 (Sangat)

　　"Sangat"，譯為「教區」或「社團」，《阿底格蘭特》把它解釋為「聖人的團體或聖會」。當有人問道：「聖人的團體是什麼樣的?」時，納那克祖師回答：「聖人的社團是念誦神的名字的團體」。因此，錫克教的社團是神聖的獻身於神的團體。錫克教非常重視社團的作用，利用社團把教徒緊密地團結起來。第四代祖師阿瑪爾按地域把錫克教徒分為 22 個教區或社團，每一教區都命名一個教主。隨著錫克教的發展，各教區的教主權力膨脹，各教區逐漸成為與錫克教祖師分庭抗禮的獨立王國。為了加強祖師的地位和權力，第十代祖師戈賓德·辛格宣佈廢除教區，建立「卡爾沙」。

# 四、公共聚餐制

　　錫克教徒到祖師的居所拜謁祖師或者到聖地朝聖時，都在祖師家或寺廟集體聚餐。納那克祖師定居在卡塔爾普爾時創立了這一制度，後來的祖師都繼承了這一制度。教徒們有時在院子裡或者空地上，用樹葉做成的盤子圍坐在一起進食，不分老幼，不分尊卑。食物有時是教徒舉行婚禮或者出生儀式時奉獻的佳餚，多數時候是祖師的廚房裡做出的食物，原料來自教徒們捐獻的穀物和菜蔬等。

公共聚餐制度是錫克教的一大特色。它打破了印度教的種姓隔離制度。印度教分為四大種姓，婆羅門（祭司、宗教學者）為最高種姓，其次是剎帝利（國王、武士）、吠舍（商人和手工業勞動者）和首陀羅（奴隸）。還有種姓外的賤民（不可接觸者）。首陀羅和賤民不僅不能與婆羅門和剎帝利同桌而食，而且不能進入印度教的寺廟，不能居住在同一個村子裡，不能飲用同一個井裡的水。首陀羅和賤民遇見高種姓的人都要迴避，即使影子被高種姓的人踩上，也算玷污了高種姓。婆羅門不僅不能與低種姓的人一起吃飯，而且不能吃低種姓的人烹製的食物，因為認為他們是不潔的。錫克教反對種姓壓迫，主張人人平等，公共聚餐制具體體現了錫克教的平等理念。據傳說，有一次，阿克巴大帝來見第三代祖師阿瑪爾時，阿瑪爾祖師請阿克巴大帝在公共餐廳與教徒們一起聚餐。阿克巴大帝對公共聚餐制非常讚賞。

錫克教的公共餐廳還不定期地向不同信仰的窮人佈施食物。

# 五、五人長老會 (Panj Piare)

1699 年，第十代祖師戈賓德·辛格創立了錫克教公社（卡爾沙），號召信徒們為了錫克教而獻身。5 個資深的錫克教長老挺身而出，回應祖師的號召。他們是：達亞·辛格，旁遮普地區拉合爾的一個卡塔爾 (Khatri)；達拉姆·辛格，旁

遮普的賈特人；莫罕姆・辛格，古吉拉特的一個洗衣工；沙哈布・辛格，馬哈拉施特拉的一個理髮匠；赫米特・辛格，奧里薩的一個挑水工。後來，「五人長老會」成為錫克教的權力機構，管理錫克教的著名寺廟，宣講和闡釋錫克教的教義，主持加入錫克教「卡爾沙」的劍禮儀式。目前錫克教仍然保留這一制度。

# 六、捐獻制

錫克教主張信徒積極參加社會生活，從事社會勞動。錫克教徒收入的三分之一要捐給社團。捐款由祖師指定的人員收繳後統一管理、使用。很多錫克教徒都是收入頗豐的商人。據說在戈賓德・辛格時期，由於錫克教的騎兵需要良駿，就從阿富汗購買戰馬，發現販運馬匹能營利，就下令手下的人專門從事販馬，從阿富汗買品種優良的駿馬，長途販運到德里，賺取豐厚的利潤。

# 第四章

# 錫克教的發展和演變

哈爾戈賓德繼承祖師位置後，

自稱真理國王，腰佩雙劍，

以此象徵擁有世俗和宗教世界的王權。

他開始發展錫克教的武裝，建立了騎兵隊伍。

錫克教的這種轉變和日益壯大的聲勢

引起莫臥兒宮廷的恐慌……。

　　錫克教創立之初是一個平和、寬容的宗教，納那克祖師看到了印度教與伊斯蘭教互相攻擊和衝突的危害性，為了調和印度教和伊斯蘭教的矛盾，他試圖創立一個統一的宗教，錫克教因此誕生。

# 第一節　十世祖師時期的錫克教

## 一、莫臥兒皇帝與錫克教

　　說起錫克教的歷史和發展變化，有必要談到兩個歷史人物，一個是莫臥兒帝國的開明君主阿克巴大帝，另一個是莫臥兒帝國後期的君主奧朗則布皇帝。在錫克教的歷史上，這兩個皇帝對錫克教的發展和命運影響最大。

　　阿克巴大帝是印度最後一個統一的封建王朝——莫臥兒帝國的第三代君主。莫臥兒帝國的開國皇帝是巴卑爾，巴卑爾晚年，王子們為爭奪王位而展開混戰，他被自己的兒子胡馬雍囚禁，死於 1530 年 12 月 26 日，其子胡馬雍繼位。1556年，莫臥兒王朝的阿克巴大帝繼位。

　　阿克巴大帝是莫臥兒帝國最有作為、最開明的君主。他統治了莫臥兒帝國近 50 年（1556–1605），建立了一個統一的帝國,使莫臥兒帝國在疆域擴展上達到了頂峰。到 17 世紀末,

莫臥兒帝國的版圖東起孟加拉，西至東俾路支，北起克什米爾，南達科佛里河。南亞次大陸只有最南端一隅未包括在帝國的版圖中。阿克巴大帝統治期間，建立了從中央到地方、從司法到軍隊、從稅務到行政等一整套系統完整、行之有效的體系。當時這一幅員遼闊的大帝國人口約有 1.5 億之眾，使用各種語言，如孟加拉語、印地語、旁遮普語、烏爾都語等。宮廷語言為波斯語。從宗教信仰看，印度教徒占人口的大多數，將近 3/4，穆斯林占人口的 1/4，其他還有耆那教徒、祆教徒等。

阿克巴大帝開始了印度教和伊斯蘭教的新時代。在他的統治時期，旁遮普保持著安寧和平靜。阿克巴順應時代潮流，實行了一系列改革，與印度教拉其普特貴族聯姻，實行宗教寬容政策，對非穆斯林非常友好和寬容。他取消被非穆斯林群眾深惡痛絕的人頭稅和朝聖稅，任命印度教徒為官，還修建禮拜堂，允許各派自由辯論，不僅非正統的伊斯蘭救世主派得到承認，即便是印度教徒、錫克教徒和基督教徒也都被請去參加禮拜堂辯論。阿克巴大帝還帶頭尊重印度教習俗，不吃牛肉並禁止宰牛。當時正是錫克教的初創時期，沒有阿克巴大帝的扶持保護和宗教寬容政策，錫克教就有夭折的危險。阿克巴大帝對錫克教頗感興趣，對錫克教的祖師非常尊敬。據說他有一次去見錫克教的祖師阿瑪爾，但按錫克教教規，不論尊卑貴賤到了吃飯時間都一起進餐，再集體朝見祖師，以體現平等思想。阿克巴大帝也順從了這種安排，先同

其他人一樣席地而坐，分享食物，然後才見到祖師。他對錫克教的集體聚餐制非常讚賞，並賜給錫克教教團一些土地。

奧朗則布皇帝則與阿克巴大帝恰恰相反。奧朗則布皇帝是莫臥兒帝國最後一位富有才幹、縱橫四方的君主。他在位時不斷的征服，使莫臥兒帝國的版圖達到最大規模。然而，他又是一個殘忍多疑、暴戾的君主，一個偏狹的宗教徒。他認為，作為一個穆斯林皇帝，他的使命不僅是統治帝國，還在於消滅異教徒，擴張伊斯蘭教。為此，他採取宗教高壓政策，從經濟、政治上打擊非穆斯林人口。1669 年，他下令各省省督拆毀異教徒的寺廟和學校，改建成伊斯蘭教清真寺。當然，他的主要矛頭是對準印度教的，據統計，僅拉斯普他那地區被拆毀的印度教寺廟就達 186 座。貝拿勒斯的維斯瓦納特神廟等著名的神廟都被拆掉，改建成清真寺。許多印度教寺廟享有的免稅土地也被沒收。錫克教也未能倖免，不少寺廟被拆毀。他還下令把擔任政府高級職務的印度教徒清除出去。1665 年，奧朗則布皇帝又頒佈了歧視性的稅收法令，印度教商人要繳納商品總值的 5% 的關卡稅，穆斯林商人減半，兩年後又完全免除穆斯林商人的關卡稅。1679 年他又下令對異教徒徵收人頭稅和朝聖稅。

奧朗則布的這種倒行逆施與阿克巴大帝的宗教寬容政策和團結立國的原則背道而馳，也引起了印度教徒和錫克教徒的強烈反對。正是在這種背景下，17 世紀下半葉印度各地爆發了此起彼伏的農民起義和封建王公的反叛。主要有賈特人

的農民起義（1669–1670，1685–1691，1705–1723），錫克教徒反對宗教壓迫的起義（1675–1708，1710–1715），馬拉特人爭取民族獨立的起義（1656 年起）和拉其普特戰爭 (1678–1709)。拉其普特戰爭是拉其普特王公為擺脫莫臥兒帝國的統治，恢復王公主權而進行的戰爭，這場戰爭是一場持久戰，最後以拉其普特王公事實上取得獨立而告終。

這些連綿不斷的起義和戰爭沈重打擊了莫臥兒王朝的統治，使其一蹶不振。1707 年，奧朗則布皇帝在德里病逝後，他的兒子們為爭奪王位展開混戰，最後穆阿紥姆繼位，此後幾十年，各省省督紛紛擁兵自立，坐地稱王，形成了封建割據狀態。此後的近 100 多年中，大封建主拉邦結派，相互傾軋，爭奪對皇帝的控制權，結果是接連不斷地廢帝和立帝。被立的傀儡皇帝多為昏庸無能之輩或者沈溺酒色之徒。莫臥兒帝國分崩離析，名存實亡，成了只統治德里和附近一些地區的地方性朝廷。

# 二、錫克教的發展變化

隨著歷史的發展和莫臥兒帝國政治氣候的變化，錫克教的發展也經歷了大起大落。在前 5 個祖師時期，由於莫臥兒王朝，尤其是阿克巴大帝的宗教寬容政策，錫克教處於和平發展時期，逐漸形成氣勢。然而，到了賈汗吉皇帝統治時期，由於錫克教已經漸成氣勢，加上第五代祖師阿爾瓊幫助了被

沙賈漢皇帝囚禁後逃脫的王子，捲入王室的糾紛中，因而遭致莫臥兒宮廷的迫害。王子在逃往阿富汗的邊境被抓住後，祖師也被莫臥兒宮廷逮捕，在經歷了種種酷刑後被處死。這一事件對錫克教產生了深遠的影響，標誌著錫克教和平發展時期的結束，也成為錫克教轉向軍事主義的轉捩點。第六代祖師哈爾戈賓德痛感父親的慘死和錫克教徒手無寸鐵、任人宰割的無奈，決心要把錫克教徒武裝起來。從此錫克教增添了尚武色彩，並因此而遭致厄運，遭到莫臥兒帝國的無情鎮壓。

　　哈爾戈賓德繼承祖師位置後，自稱真理國王，腰佩雙劍，以此象徵擁有世俗和宗教世界的王權。他開始發展錫克教的武裝，建立了騎兵隊伍。錫克教的這種轉變和日益壯大的聲勢引起莫臥兒宮廷的恐慌，哈爾戈賓德祖師被賈汗吉皇帝囚禁數年，後來釋放。賈汗吉死後，他的繼承者沙賈漢又派重兵遠征旁遮普鎮壓錫克教，哈爾戈賓德率領錫克軍隊英勇抗敵，多次擊退莫臥兒軍隊，但最後為了保存錫克教的力量，退入深山，度過了餘生。

　　1675 年，戈賓德·辛格被立為第十代祖師，當時正是奧朗則布皇帝對異教徒進行宗教迫害時期，他堅決反對這種政策，吸引了眾多下層群眾加入錫克教。1699 年戈賓德·辛格宣佈成立錫克教徒公社「卡爾沙」，在公社內部實行軍事化管理和民主制度。在公社中，所有成員一律平等。他要求公社成員在自己的名字後面加上「辛格」（意為獅子），並制定了

四條教規，其中最著名的是五 K 制（因每一項規定的第一個字母都是 K 而得名），即：人人蓄長髮、長鬚，帶髮梳，佩短劍和鐵手鐲，穿短褲，長衫過膝。戈賓德·辛格宣稱要推翻莫臥兒帝國的統治，在白夏瓦和拉合爾建立一個錫克教國家。他率領錫克教徒起義，多次打敗奧朗則布派來的遠征軍。錫克教軍隊也因此而名聲大振，吸引了更多信徒，最多時有 8 萬多人。不幸的是他於 1708 年被帕坦人殺害，他的死對錫克教是一個沈重打擊，錫克教的十世祖師傳承制度也宣告結束。但錫克教並未因此而偃旗息鼓，錫克教徒在班達將軍的領導下繼續鬥爭。

# 第二節　班達·巴哈杜爾建立
# 第一個錫克教王國

1709-1714 年，錫克將領班達·巴哈杜爾 (Band Bahadur) 在錫爾欣德建立了第一個錫克教王國。

班達·巴哈杜爾於 1670 年生於旁遮普，是拉其普特人。早年他以打獵為生，槍法百發百中，是一個出色的獵手。他 20 歲時，一件事情改變了他的一生。一次，他打死了一隻剛剛產下兩隻幼鹿的母鹿。母鹿臨死前的哀鳴使他震撼。母鹿死後，兩隻幼鹿很快也嚥了氣。這一景象使他感到驚駭不安，

母鹿和幼鹿慘死的景象成為他腦海中揮之不去的夢魘。他感到自己殺了無數生靈，罪孽深重，因而放棄了世俗生活，成了一個遊方僧，雲遊四方。後來，他來到馬哈拉施特拉的戈達瓦利河畔，潛心修行。他的名聲也越來越大，有了眾多追隨者。

戈賓德·辛格祖師率錫克軍隊來到這裡後，見到了班達·巴哈杜爾。兩人一見如故，成為摯友。當時班達·巴哈杜爾 38 歲，戈賓德·辛格祖師 42 歲。祖師勸他放棄苦行生活，加入錫克教。他欣然接受，戈賓德·辛格祖師任命他為公社的將領，派他率領錫克軍隊攻打錫爾欣德的省督瓦茲爾·汗。瓦茲爾·汗是十世祖師戈賓德·辛格的宿敵，一直把他視為眼中釘、肉中刺，必欲除之而後快。數年前瓦茲爾·汗率軍與莫臥兒軍隊一起追殺祖師，殺了祖師的兩個年幼的兒子，祖師的母親因此傷心而死，祖師的兩個年長的兒子也在突圍戰中犧牲。

班達·巴哈杜爾驍勇善戰。他率領錫克軍隊向旁遮普進發，一路見城攻城，所向披靡。他殺了不少伊斯蘭官吏，奪得大量金銀財寶，名聲大振。1709 年，他大敗莫臥兒軍隊，占領了錫爾欣德全境，殺了總督瓦茲爾·汗，為戈賓德祖師報了殺子之仇。當時戈賓德·辛格祖師已經逝世，他的妻子瑪塔·桑達麗 (Mata Sundari) 成為卡爾沙的領袖。班達·巴哈杜爾將軍便在錫爾欣德建立了第一個錫克教王國，將神權和王權結合在一起。他還率軍攻打拉合爾，但未攻下。

　　班達‧巴哈杜爾在錫爾欣德統治了 5 年，他頒佈法令，發行自己的貨幣，在旁遮普地區很有影響力。班達‧巴哈杜爾的錫克教王國引起了莫臥兒王朝的驚恐，1714 年，莫臥兒軍隊遠征旁遮普，聯合旁遮普的王公貴族攻打班達‧巴哈杜爾統治的錫爾欣德。在大敵當前、重兵壓境的危急時刻，班達‧巴哈杜爾率領錫克軍隊英勇抗敵，浴血奮戰，數千名錫克將士陣亡。班達‧巴哈杜爾率部隊突破重圍，但無奈到處都是追兵，幾乎無路可逃。最後，班達‧巴哈杜爾率領 1,000 多名錫克將士來到戈德史普爾附近的一個類似城堡的地方。這裡有一大片長滿綠樹和青草的開闊地，周圍是高高的城牆。莫臥兒軍隊很快追來，將這裡重重包圍。班達‧巴哈杜爾以此為據點與莫臥兒軍隊展開持久戰。他們在這裡堅守了 8 個多月，從盛夏堅持到深秋，又堅持至嚴冬。最後，他們彈盡糧絕，連心愛的戰馬也被殺掉吃肉，皮帶、樹皮和乾草也被吃光。300 多名餓得奄奄一息的士兵已經沒有還擊能力，連站起來的力氣也沒有了。莫臥兒軍隊見錫克士兵不再還擊，便衝進城堡中，活捉了班達‧巴哈杜爾和其他 300 多名錫克士兵。他們把死去的錫克士兵的頭顱砍下，作為向皇室邀功請賞的資本。

　　班達‧巴哈杜爾被關在一個鐵籠子裡，綁在一頭大象背上，其他士兵被砍下頭顱，裝進竹籠裡，綁在馬上，或者駱駝背上。莫臥兒軍隊耀武揚威，浩浩蕩蕩向德里進發。一路上他們看見錫克教徒就殺，然後將頭顱砍下裝進籠子裡。到

達德里時，錫克教徒的頭顱已達 700 多顆。其他王公的部隊則把捉到的數千名錫克士兵用鐵鏈鎖住，押往德里。

1716 年 2 月 29 日，是印度教的霍利節（也叫灑紅節）。為了展示莫臥兒軍隊的戰功，莫臥兒宮廷將 200 多名錫克士兵的頭顱裝在籠子裡遊街示眾，他們披散的長髮從籠中垂下，在風中飄舞。班達•巴哈杜爾被關在鐵籠裡，綁在象背上，他身後是 700 多名錫克戰俘。他們的臉被塗成黑色，左手被反綁在後背。圍觀的人群把從紅堡到沙里堡花園的 10 公里的長街擠得水泄不通，錫克戰俘毫無懼色。遊街後，這 700 名錫克士兵被分成 7 批，分期分批被處死。在行刑前，劊子手問他們是否願意改信伊斯蘭教，這樣可以免除死亡，但沒有一個錫克士兵回答願意，最後全被處死，他們的頭顱被掛在沿街的樹上示眾。

班達•巴哈杜爾的妻子是喬姆巴的公主，一直帶著班達•巴哈杜爾的 14 歲兒子藏在喬姆巴。班達•巴哈杜爾被捕後不久，她和兒子也被捉住，押到德里。班達•巴哈杜爾和他的 26 名錫克將領被嚴刑拷打，在獄中忍受了 3 個多月的非人折磨。

1716 年 6 月 9 日，是錫克教歷史上的一個災難日，這天，班達•巴哈杜爾被處死。他被關在鐵籠裡，綁在大象的背上，由莫臥兒宮廷押送到離紅堡 16 公里的巴哈杜爾•謝赫皇帝的墓地附近的刑場。他被從鐵籠中放出，坐在地上，他 14 歲的兒子也被帶來，坐在他的身旁。臨刑前，劊子手問他是否

願意改信伊斯蘭教，被他拒絕。劊子手把匕首刺進班達·巴哈杜爾的兒子的胸口，挖出血淋淋的肝臟，往班達·巴哈杜爾的口中塞，班達·巴哈杜爾緊閉雙唇，咬緊牙關，怒目瞪著劊子手。宰相穆罕莫德·阿米爾走上前，被他大義凜然的氣概所震撼。接著，劊子手用匕首挖出了班達·巴哈杜爾的雙眼，砍斷了他的雙腳、雙臂、耳朵，然後用刀子一片片將他的身體割成碎片。這一殘忍野蠻、令人扼腕的酷刑持續了一整天，班達·巴哈杜爾一直忍受著這種常人難以忍受的非人的折磨和疼痛，沒有發出一聲呻吟，直至嚥下最後一口氣。次日，其他錫克將領在同一地點被砍頭處死。

班達·巴哈杜爾是個拉其普特人，他的血管裡流淌著剎帝利的血液。他與十世祖師年齡相仿，交情深厚，兩人在身材、膚色、相貌和性格上也十分相像。

班達·巴哈杜爾在錫克教的歷史上是一個傳奇性的人物。他建立了第一個錫克教神權政權——錫克教王國，他的目標是推翻莫臥兒王朝的統治。他殺了許多穆斯林官吏，是莫臥兒宮廷眼中的魔鬼，但是錫克人眼中的英雄，成為錫克人效法的榜樣。

法魯克·西亞德 (Farrukh Siyar) 皇帝殺害了班達·巴哈杜爾後，對捉住班達·巴哈杜爾的阿布達斯·沙馬德·可汗 (Abdus Samad Khan) 大公大加獎賞，賞賜了許多金銀珠寶、大象、馬匹等。法魯克皇帝還頒佈詔令，無論何時何地見到錫克教徒，馬上逮捕，格殺勿論。殺一個錫克教徒可得到獎

賞 25 盧比，捉住一個錫克教徒獎賞 10 盧比。錫克家庭的漂
亮少女或者被抓去賣給官戶人家做小妾，或者被賣做使女。
為了得到皇帝的青睞，拉合爾、信德和查謨等地的王公們不
遺餘力地鎮壓錫克教，錫克教過著艱難的歲月。然而，儘管
此後幾十年錫克教一直受到迫害，但他們一刻也沒有停止奮
鬥。

# 第三節　英國殖民主義者
# 兼併錫克教王國

## 一、蘭季特・辛格建立的強大錫克教王國

　　18 世紀中葉後，莫臥兒王朝名存實亡，成為僅統治德里
及附近地區的地方性朝廷。波斯人入侵，以及阿富汗人阿蔔
達利 9 次入侵北印度，打擊和削弱了莫臥兒政權的統治，從
而為錫克教的恢復和發展創造了有利條件。錫克教東山再起，
不過這時他們面臨的主要敵人已經不是莫臥兒王朝了，而是
阿富汗人。莫臥兒王朝國力日衰，莫臥兒的傀儡皇帝已經把
旁遮普、克什米爾等地割讓給阿蔔達利。阿蔔達利對富庶的
旁遮普恣意掠奪，激起錫克人和信奉印度教的馬拉特人的強

烈反抗。錫克人在反侵略戰爭中獲得勝利，於 1765 年在旁遮普宣佈獨立，建立了錫克教王國，實現了幾代錫克人追求的目標。但由於取消了祖師制度，錫克人內部分裂為 12 個較大的公社，中央政府軟弱，缺乏協調力量，內訌接連不斷，錫克教王國實為一個鬆散的政治聯盟。

英國東印度公司進入印度後，從普拉西戰役到 19 世紀 20 年代初，英國殖民主義者通過挑撥拉攏，各個擊破、逐步蠶食的策略，兼併了許多封建王國，完成了對印度河和薩特累季河以南的印度的征服。20 年代，東印度公司發動英緬戰爭 (1824–1826)，占領了阿薩姆。1843 年，英國人兼併了信德的三個穆斯林王國，進一步奠定了在印度的統治地位。

此後，英國人將目標轉向旁遮普。19 世紀初，旁遮普有 10 多個錫克教軍事首領統轄地，到了 20 年代，西旁遮普的蘇卡爾恰基亞錫克教公社的首領蘭季特·辛格的勢力逐漸壯大，他用武力征服了其他勢力，統一了旁遮普，征服了克什米爾，建立了強大的錫克教國家。蘭季特·辛格國王強化了神權統治，建立了真正統一的強大的錫克教王國。他治國有方，英明果斷，毫不留情地鎮壓地方割據勢力，率領錫克軍隊抗擊阿富汗人的侵略。

蘭季特·辛格國王是一個非常開明的君主，他在位時為了增強國力，發展經濟，採取了一系列進步的改革措施。其一，提倡信仰自由，實行各宗教信仰者平等相處的政策。他深知，要建立鞏固的政權，必須得到各種宗教的支援。在他

的政府裡，擔任高級官職的不僅有錫克教徒，還有印度教徒和穆斯林。其二，土地收歸中央。他在征服旁遮普的過程中，把一些封建主的土地收歸國有，國家掌握了大量的土地，從而奠定了他的政權堅實的經濟基礎。其三，建立正規軍。他下令改組軍隊，聘請法國教官以西方的方式訓練正規軍。其四，減少農業稅和商業稅收，減輕了農民的負擔，促進了手工業的出口和商業的繁榮。這些措施增強了國家的實力，保持了政治上的相對穩定，促進了經濟的發展，也贏得了廣大人民群眾的廣泛愛戴和支援。在他的統治下，錫克教王國的疆土不斷擴大，政治穩定，經濟繁榮，人民安居樂業。到1839年蘭季特國王逝世時，這個帝國的疆域已經北至白夏瓦，東抵拉達克。

英國人對富庶的旁遮普早就垂涎三尺，一直覬覦著這塊肥肉。但懾於錫克帝國的強盛，沒有取勝的把握，因而不敢輕舉妄動。當時的英國殖民政府把蘭季特國王當作平等的君主看待，未敢越入旁遮普邊界。蘭季特國王逝世後，他的幾個兒子之間爆發了爭奪王位的戰爭，大封建主趁機發展各自的勢力，結黨拉派，爭權奪利，國王逐漸被大封建主架空，成了傀儡。錫克教下層軍官不滿大封建主的內訌和專權，組成了軍人委員會，對政府進行監督。1844年，軍人委員會控制了中央權力，參與國家政治，對國王和封建貴族形成制約。但這樣也激化了軍人委員會與封建貴族的矛盾。

# 二、第一次錫克戰爭

錫克教王國的國力日衰,給了英國殖民主義者可乘之機。1845 年英國殖民主義者藉口錫克國家軍隊侵入薩特累季河南岸英附屬國的領土,向旁遮普進攻,發動了第一次錫克戰爭。英國人利用封建貴族、軍隊上層和軍人委員會之間的矛盾,收買了宮廷權貴和軍隊的高級指揮官。宰相拉爾·辛格和軍隊總司令特吉·辛格都被收買,叛國投敵,充當英國人的內應。當英軍發動進攻時,錫克軍隊在費羅茲普爾附近英勇抵抗,炮火猛烈攻擊英軍陣地,英軍處於劣勢。但指揮戰鬥的拉爾·辛格拖延時間,坐失良機,導致錫克軍隊最後失敗,英國人也損兵折將,損失慘重。此後,在費羅茲沙赫戰役中,錫克軍隊先聲奪人,處於優勢,但與英國人勾結並簽有密約的指揮官特吉·辛格卻下令撤退,把該地拱手讓給英軍。此後的幾次戰役中,也因為錫克將領與英軍勾結而戰敗。錫克士兵頑強抵抗,直至戰鬥到最後一分鐘。他們寧死不屈、為國捐軀的壯烈精神可歌可泣,與那些與英軍勾結、出賣國家利益的王公貴族形成了鮮明的對比。

1846 年 2 月 20 日,英軍未費一槍一彈就占領了旁遮普的首府拉合爾,並逼迫錫克王室簽定了割地求和的拉合爾條約。英國人懾於錫克人的反抗,未吞併旁遮普,仍然讓其保持名義上的獨立,但實際上將錫克王權置於掌控之中。在條

約中明文規定，在旁遮普駐紮英國軍隊，成立攝政會議輔佐未成年的國王達利普·辛格（他當時只有 6 歲），攝政會議要聽命於駐紮的英軍指揮官。錫克人被迫將薩特累季河南岸的錫克領地等土地割讓給英國人，並向英軍付 1,500 萬盧比的賠款。

## 三、第二次錫克戰爭

錫克軍隊和人民群眾對這種喪權辱國的條約非常氣憤，1848 年 4 月 19 日，不甘屈服的錫克士兵在穆爾坦又揭竿而起，舉行反英起義，有的封建主也參加了起義。英國殖民主義政府以此為藉口，發動了第二次錫克戰爭。英國人強大的攻勢使早已虛弱的錫克軍隊節節敗退，1849 年 3 月 29 日，英國宣佈廢黜錫克教國王，兼併旁遮普，由英屬印度政府直接管轄。旁遮普被吞併後，英國花費了幾乎一百年時間征服印度的過程宣告結束，錫克人的神權統治也至此結束。

## 四、被廢黜的錫克教國王與鑽石

錫克教王國被英國人吞併後，當時只有 9 歲的被廢黜的錫克教國王達利普·辛格被英國人監管起來。英國人大肆搜刮錫克教宮廷的金銀財寶，將有價值的財物席捲一空。但不知怎的，年幼的達利普·辛格隨身攜帶的一顆鑽石卻沒被發

現。這顆鑽石就是世界上最大的和最著名的科·伊·諾爾鑽
石。在波斯語中，「科·伊·諾爾」意為「光明之山」。關於
這顆鑽石，有不少傳奇故事。據說，這顆重 188 克拉的鑽石
是西元 1100 年在印度南部的一座鑽石礦中被發現的，但一直
藏於密室，直到 1306 年才公諸於世。此後，它成為王公貴族、
富貴商賈爭奪的目標，演繹出一幕幕刀光劍影、駭人聽聞的
悲劇和災難，奪去了多少人的生命。16 世紀，這顆巨大的鑽
石落到了莫臥兒的開國皇帝巴卑爾手中，他非常珍視這顆鑽
石，愛不釋手，但這顆鑽石給他帶來的是災難。他後來被兒
子篡位，在監獄中度過了餘生。後來，這顆鑽石傳到莫臥兒
的第五代皇帝沙賈漢手中，他晚年也重蹈巴卑爾皇帝的覆轍，
他的兒子奧朗則布篡奪了王位，把他關進阿格拉的城堡中。
1736 年，波斯人納德爾·沙入侵德里，打敗了莫臥兒軍隊，
這顆鑽石落入納德爾·沙手中。他也同樣被仇敵殺害。波斯
王朝為這顆鑽石互相殘殺，死了好幾代君主。最後，兩位王
子為了擺脫被殘殺的命運，帶著這顆巨鑽逃到了旁遮普，獻
給了錫克教國王蘭季特·辛格。蘭季特·辛格非常喜愛這顆
鑽石，這顆鑽石並沒給他帶來厄運，但他死後他的兒子為爭
奪王位互相殘殺，他創立的錫克教王國最後也被英國人兼併。

　　經歷了數百年，這顆鑽石已不僅是財富與權勢的象徵，
也沾滿了許多人的鮮血，成為帶來災難的不祥之物。據說印
度教經典中對它有這樣的描述：「誰擁有它，誰就擁有了整個
世界；誰擁有了它，誰就得承受它帶來的災難。唯有上帝或

一位女人擁有它，才不至遭受任何懲罰。」

　　小小年紀的達利普·辛格知道了關於這顆鑽石的血淋淋的歷史，非常害怕。也許他認為錫克教王國的滅亡是這顆鑽石帶來的厄運，也許是他知道了印度教經典中關於這顆鑽石的描述，也許他是想取悅於英國人，用鑽石換來生命的安全。總之，經過慎重考慮後，他決定把這顆價值連城的巨鑽獻給一個女人——英國的維多利亞女王。於是，他與當時英國駐印度的總督洛德·戴爾豪斯取得聯繫，專程到孟買將這顆鑽石交給了洛德總督，最後，這顆鑽石到達了英國，引起了舉國轟動。但當時的鑽石專家認為它太大，在加工時把它切割了，變成了 108.8 克拉，就是現在的重量。

　　達利普·辛格捐獻鑽石後，得到了英國殖民當局的關照，他們為他請了一名蘇格蘭家庭教師，教他英語。英國人的目的當然是要把他培養成一個親英者。經過幾年的英式教育，13 歲時，達利普·辛格剪掉了頭髮，接受了洗禮，成了一名基督教徒。

　　得到世界上最著名的巨大鑽石的維多利亞女王並沒有忘記達利普·辛格，1854 年，女王邀請他來到了英國，賜給他一座位於薩福克的豪宅，每年付給他 5 萬英鎊的薪水。這時的達利普·辛格已經長成英俊瀟灑、風度翩翩的小夥子，從此在英國過著錦衣玉食的生活，逐漸變成了一個標準的英國紳士。不知他在更深人靜時是否會想起在故鄉旁遮普度過的童年時光？

也許是為了試探一下達利普·辛格現在對「光明之山」鑽石的感受，有一天，維多利亞女王突然帶著這顆巨大的鑽石駕臨達利普·辛格的住處。女王請辛格的家庭教師問辛格，他現在是否還願意把這顆鑽石獻出來。辛格回答說：「當年我放棄對它的擁有權時，我還是一個不大懂事的孩子，現在我長大了，對我以前所做的一切絕不後悔。」女王對他的回答很滿意，她把鑽石輕輕地放在辛格手中。辛格激動地托著這顆曾經屬於自己的鑽石，足足欣賞了 15 分鐘。然後，他把鑽石還給女王，說：「陛下，作為您的一名忠實的臣民，我今天把科·伊·諾爾鑽石正式奉獻給您——至高無上的君王。」

1911 年，科·伊·諾爾鑽石被鑲在了瑪麗皇后的王冠上，成為萬人矚目的焦點。1937 年，當伊麗莎白成為皇后時，這顆鑽石又被鑲在伊麗莎白的王冠上。2002 年 4 月 5 日，當伊麗莎白皇太后的葬禮在西敏寺教堂舉行時，鑲著世界上最大和最著名的科·伊·諾爾鑽石的王冠被放在皇太后的靈柩上，放射著耀眼的光芒。

# 第五章

# 錫克人的宗教改革運動

他們出版書籍宣傳祖師的原始教義，
舉辦討論會探討教義問題，
著手翻譯錫克教經典，
創辦旁遮普語學校和報刊以普及旁遮普語。
他們還致力於消除印度教儀式對錫克教的影響，
培養年輕錫克教徒的自豪感和責任感。

英國殖民統治者在第二次英錫戰爭中獲勝後，廢黜錫克教國王，兼併了旁遮普。這標誌著英國花費幾乎一百年時間征服印度的過程最終完成，錫克教王國的神權統治也至此結束。

社會政治局勢的變化促進了錫克教的改革和發展。在家破國亡、同胞遭難的嚴峻形勢下，錫克教徒痛定思痛，普遍滋生出一種危機感，要求改革錫克教、振興錫克教的呼聲日益高漲。各地相繼出現了一些自發的改革派別，其中主要有無形派 (Nirankaris) 和神名派 (Nandhari)。這些派別信徒眾多，形成聲勢浩大的改革運動，為錫克教的復興和發展做出不可磨滅的貢獻。

19 世紀後期，基督教傳教團在旁遮普加強了傳教活動，不少下層錫克教徒改宗基督教，連錫克王公貴族中也出現改宗者。錫克教首領對此深感憂慮。同時令他們擔憂的還有印度教的復興運動。達耶難陀・薩拉斯瓦蒂創立的聖社在拉合爾及西北印度頗有影響，不僅吸引了眾多的印度教徒，連錫克教徒也成為其追隨者。面對來自基督教和印度教的挑戰和威脅，一批錫克教有識之士先後在阿姆利則和拉合爾成立了「濕利古魯辛格協會」和「辛格大會」。這兩個團體後來聯合起來，創辦錫克教大學、出版旁遮普語報刊宣傳錫克教歷史文化、興辦慈善事業等。辛格大會主張研究錫克教的原始教義，恢復其純潔性，清除印度教的影響，並主張錫克教徒應成為政治上和法律上獨立的社會集團。

　　20世紀初，錫克人掀起了轟轟烈烈的「阿卡利運動」。阿卡利運動最初是自發的反對上層僧侶的宗教改革運動，後來演變成為具有強烈反英色彩的政治運動。

　　從19世紀40年代錫克王國的覆滅到20世紀40年代印度獲得獨立，錫克人為振興自己的宗教、走出困境作出了艱辛卓絕、不屈不撓的抗爭，掀起了一次又一次的改革浪潮。

# 第一節　錫克教的改革派別

## 一、無形派

　　無形派也叫尼蘭卡利派，創始人是德亞爾 (Dgal, 1783–1855)。他提倡信仰無形的神，反對一切祭祀儀式和偶像崇拜，認為神是無形的。他還反對人們自稱為祖師，曾提出這樣的口號：「冥想無形的神，而那些自稱為祖師（古魯）的人終會化為塵土。」（戈帕爾・辛格：《錫克人的歷史》，1979年英文版，頁604。）德亞爾稱自己為「無形者」。他的思想吸引了不少信徒，很快形成規模宏大的派別。該派標新立異。為了區別於印度教、伊斯蘭教和基督教，他不行火葬和土葬，而實行水葬。無形派的主張不僅遭到印度教徒反對，而且受到當地正統的錫克教徒的排擠。他們堅持抗爭，建造自己的寺

廟，宣傳自己的主張，最終得到錫克教徒的承認。1855 年德亞爾去世，長子達巴拉·辛格 (Darbara Singh) 承襲其位。

達巴拉·辛格的主要貢獻在於改革了錫克教的婚禮儀式。在他之前，錫克教徒沿襲的是印度教的婚禮儀式。達巴拉·辛格則把不要嫁妝、不分種姓差別的「阿難陀」婚禮引入錫克教。其婚禮儀式如下：新郎新娘圍著聖典《阿底格蘭特》繞 4 圈（而不像印度教徒那樣繞火行 7 圈）。主持人吟唱第四代祖師拉姆·達斯所作的 4 首讚歌。然後，一對新人手拉手在音樂的伴奏下圍著聖壇繞 4 圈，婚禮即告結束。婚禮可在家中或寺廟內舉行，男女皆可為司儀，因為錫克教徒中沒有專門的祭司。

達巴拉·辛格於 1870 年去世，其弟拉登·昌德繼承其位。1909 年拉登·昌德去世後，其子古迪特·辛格繼承父位。此派現在的領袖是古勒巴克西·辛格，其總部設在昌迪加爾。

無形派不僅承認錫克教徒公認的 10 代祖師，而且把德亞爾及其繼承人奉為祖師。他們堅持與印度教劃清界限，擺脫印度教習俗的影響，為錫克教的獨立發展作出了貢獻。目前此派在旁遮普仍有一定影響。

## 二、神名派（呼神派）

神名派又叫呼神派，由巴拉克·辛格(Balak Singh, 1787–1862) 創立。巴拉克·辛格出生於一個金匠的家庭。他主張

恢復原始錫克教教義，要求信徒們過簡樸的生活，自食其力，不得以乞求施捨為生。他認為默念神的名字就可達到解脫。巴拉克·辛格後，其弟子羅姆·辛格（Ram Singh, 1816-1885）成為繼承人。

羅姆·辛格生於旁遮普的一個木匠家庭，曾在蘭季特·辛格的炮兵部服兵役，後來成為巴拉克·辛格的弟子，追隨其左右。1849年，他回到自己的家鄉傳播教義，很快擁有大批信徒。其信徒中木匠種姓占多數，還有賤民、婆羅門、穆斯林。

羅姆·辛格反對種姓壓迫和偶像崇拜，主張寡婦再嫁，禁止童婚和溺殺女嬰，反對嫁妝制度。還要求信徒戒煙酒、禁食肉、不撒謊、不淫、不盜。羅姆·辛格的主張反映了下層錫克教徒對錫克教上層貴族的強烈不滿。錫克教貴族擁有大量財富和政治特權，背棄原始教義的平等原則，效仿印度的法規和種姓制度。羅姆·辛格抨擊了王公貴族的特權和種姓制度的罪惡，並且對祖師的子孫世襲祖師職位表示不滿。他的學說得到廣大下層教徒的擁護，使呼神派力量迅速壯大。同時，也遭致錫克教上層對他的不滿和忌恨。

羅姆·辛格還對錫克教的服飾和儀式進行了改革。他要求信徒以獨特方式纏白頭巾，戴木念珠項鍊。在舉行儀式時，信徒們高唱讚歌，瘋狂地高呼喊叫以謝神。羅姆·辛格的這些改革措施使呼神派區別於傳統的錫克教徒，也引起了正統錫克教徒的不滿。他們認為羅姆·辛格背離了戈賓德·辛格

祖師的道路，對他敬而遠之。

　　羅姆·辛格的呼神派具有強烈的反英傾向。他們主張抵制英國的文化侵略，不接受政府官職，不送子女到英國學校念書，不用英貨，不使用英國人開辦的郵局和鐵路。呼神派的這種反英傾向使英國殖民統治者恐慌不安。為了遏制呼神派的發展，殖民當局對其嚴加防範。1863 年，羅姆·辛格準備在阿姆利則舉行呼神派的盛大集會。當他抵達該城時，發現到處都是警察，只得返回家鄉。從此便被警方嚴密監視，限制其活動達 8 年之久（1863–1870）。羅姆為了團結印度教徒，主張錫克教徒禁吃牛肉、禁止宰牛。但他堅持反對同錫克教的宿敵穆斯林和解，這就給英國人以可乘之機。以前英國人曾禁止在阿姆利則屠殺牛，但為了挑撥教派關係，達到分而治之的目的，他們又以尊重穆斯林信仰為由，下令在阿姆利則建屠牛場，從而引發呼神派和穆斯林之間的宗教仇殺。1871 年 11 月，一些激進的呼神派信徒在阿姆利則殺死了幾個穆斯林屠夫及家屬。1872 年 1 月，又有一些呼神派成員搶劫武器攻打穆斯林土邦王公。英國人藉機大開殺戒，鎮壓呼神派。呼神派部被搜查，成員被逮捕、槍殺。羅姆本人及其 10 餘名親信被殖民當局流放仰光。以前就對呼神派忌恨的錫克教王公也落井下石，圍攻呼神派。呼神派被內外夾擊，腹背受敵，從此一蹶不振，失去了往日的影響和作用。羅姆·辛格在仰光的監獄度過 12 年鐵窗生涯，於 1884 年 11 月 29 日呼喊著神名離開了人世。

羅姆・辛格的弟弟哈里・辛格 (Hari Singh) 繼承其位。他也被殖民當局嚴密監視達 20 年之久，活動被限制，不能出他所在的村莊一步。他逝世後其子帕特帕・辛格 (Partap Singh) 繼承其位。帕特帕・辛格具有愛國熱情，和呼神派信徒一道投身於聖雄甘地和尼赫魯領導的民族解放運動。

# 第二節　錫克教的復興運動

## 一、辛格大會運動

辛格大會運動是繼呼神派運動被鎮壓之後而興起的錫克教復興運動。它的興起是為了迎接基督教和印度教的挑戰，鞏固和發展錫克教的陣地。

1849 年旁遮普被吞併後，在英國殖民政府大力支持和鼓勵下，西方基督教傳教團蜂湧而入，在旁遮普地區加強了傳教活動。基督教長老會、基督教傳教會、衛理公會、聖公會以及羅馬天主教組織先後在阿姆利則、拉合爾等城市和一些山區設立傳教中心，創辦學校和慈善機構，擴大影響，吸引信徒。最早改宗基督教的是印度教的賤民和低種姓。他們不堪忍受高種姓的壓迫，渴望基督教宣揚的平等和博愛。錫克教的下層成員也緊隨其後，最後連錫克教王公貴族中也出現

了改宗者。其中最有影響的是錫克教王國的亡國之君達利普•辛格。他於1853年在英國殖民當局的安排下被迫接受了基督教洗禮，在錫克教徒中引起強烈的反響，使失去國家和領袖的教徒們更加惶惑不安。一些名門望族如哈拉姆•辛格家族也改信基督教，但仍堅持保留錫克名字。基督教的挑戰令錫克教有識之士擔憂。

更令他們擔憂的還是來自印度教的威脅。當時印度教的宗教改革運動蓬勃興起，達耶難陀•薩拉斯瓦蒂創立的聖社在旁遮普很有影響。達耶難陀提出「回到吠陀去」的口號，吸引了眾多印度教徒。他對錫克教的祖師和聖典多有貶詞，並把錫克教視作印度教的一個派別。這自然會引起錫克教徒的不滿和抗議。

1873年，以K•辛格•貝迪和T•辛格•桑達瓦利亞為首的錫克教上層人士在阿姆利則成立了「濕利古魯辛格大會」，旨在迎接基督教和印度教的挑戰，捍衛錫克教的歷史文化。辛格大會得到錫克教上層貴族、學者和正統錫克教徒的支援。他們積極宣傳錫克教教義，用旁遮普語出版報刊和錫克教文獻，成為領導錫克教徒進行鬥爭的核心組織。

1879年，一些出身平民、受過西方教育的青年錫克教徒在拉合爾成立了另一個辛格大會。他們出版書籍宣傳祖師的原始教義，舉辦討論會探討教義問題，著手翻譯錫克教經典，創辦旁遮普語學校和報刊以普及旁遮普語。他們還致力於消除印度教儀式對錫克教的影響，培養年輕錫克教徒的自豪感

和責任感。

　　這兩個辛格大會很快聯合起來，制定共同的行動綱領，聯合組織一些大規模的活動，如向西姆拉的教育委員會主席遞交由萬人簽名的意見書，請求在小學普及旁遮普語、創辦錫克教學院等。然而隨著時間的推移，兩個辛格大會的分歧和矛盾顯露了出來。

　　阿姆利則辛格大會堅持對「古魯」頂禮膜拜，對賤民種姓的錫克教徒持歧視態度。拉合爾辛格大會則反對這些做法。此外，由於社會地位和思想的差異，兩個辛格大會的活動範圍也不相同。阿姆利則辛格大會主要在錫克教王公貴族和上層僧侶中間活動，拉合爾辛格大會則在社會下層開展工作，深入鄉鎮，設立分支機構。

　　兩個辛格大會之間的分歧導致雙方的攻擊和衝突，甚至訴諸法庭。最後雙方終於認識到一致對外的重要性，於1889年實行了合併。

　　合併後的辛格大會致力於創辦報刊、出版錫克教文獻、建立學校的工作。他們深知，要宣傳錫克教文化，必須有自己的報刊，有培養人才的陣地。經過艱苦的努力，錫克教大學「哈勒薩學院」正式成立，10多種報刊、雜誌相繼面世，其中最有影響的雜誌是《哈勒薩行動》。辛格大會還出版錫克教歷史宗教文獻，如《錫克教文獻百科全書》，並邀請對錫克教文化感興趣的英國學者一起翻譯聖典《阿底格蘭特》。1909年，麥克斯·阿圖拉·麥考利弗和哈紮拉·辛格、沙杜·辛

格等共同完成了 6 卷本巨著《錫克人的宗教》，由牛津大學出版社出版，成為第一部全面闡述錫克教教義、介紹祖師生平事蹟的劃時代作品。

辛格大會還為擺脫印度影響、確立錫克教的獨立地位做了大量工作。錫克教的產生和發展一直受印度教的影響，吸取了印度教的一些觀念、儀式和風俗。大多數錫克教徒都是由印度教徒改宗的，與印度教有千絲萬縷的聯繫。正因為如此，不少印度教徒把錫克教作為印度教的一個派別。為了與印度教劃清界限，辛格大會對印度教的偶像崇拜和多神論進行了猛烈抨擊，宣稱錫克教是一個有自己的歷史文化，有獨特儀式和教義的宗教，並要求收回由印度教徒控制的寺廟管理權，逐出廟裡供奉的印度教神像。1905 年，阿姆利則金廟裡的印度教偶像被掃地出門。1909 年，錫克教的婚姻法──阿難陀婚姻法案正式通過，使錫克教儀式得到法律認可和國家的承認。

辛格大會運動擴大了錫克教的影響，確立了錫克教的獨立地位，改革和完善了錫克教的理論和儀式，加強了錫克教徒的聯合。1902 年，各地辛格大會聯合起來，在阿姆利則成立了「公社大會」(Cheif Khalas Dinan)。公社大會成為領導協調各地辛格大會的核心機構，有效地推動了辛格大會運動的深入發展。

# 二、阿卡利運動

　　阿卡利運動是 20 世紀初興起的錫克教改革運動。「阿卡利」意為崇拜「永恆之神」的人。

　　20 世紀初期，印度民族解放運動不斷高漲，錫克教徒也投身於這場運動。早在 1907 年，阿吉特‧辛格 (Ajit Singh) 就在旁遮普建立了民族團體「印度愛國者協會」，號召不同信仰的教徒團結起來，推翻英國的統治。1919 年 4 月 13 日，數萬名錫克教徒在阿姆利則金廟附近的賈利亞瓦拉公園舉行集會，抗議英殖民政府頒佈的禁止一切公眾集會的法案。英軍首領德亞爾 (Dyer) 命令英軍封鎖了公園的所有出口，用機槍掃射手無寸鐵的群眾，打死 309 人，打傷 1,200 餘人，釀成阿姆利則大慘案。憤怒的群眾像受傷的獅子一樣進行報復，燒毀郵局、切斷電線、衝擊政府大樓。英殖民當局宣佈在阿姆利則、拉合爾等地實行戒嚴，開始大規模的搜捕。許多人被捕、被殺。印度各地掀起了聲援錫克教徒的反英浪潮。然而在阿姆利則，一些錫克教上層僧侶卻賣身投靠，對英殖民當局的殘酷暴行拍手稱慶。金廟的管理人魯爾‧辛格 (Rur Singh) 竟贈給支援屠殺的旁遮普總督米切爾‧奧德伍亞爾 (Michael O'dwyer) 一襲僧袍，贈給德亞爾將軍一柄錫克短劍。錫克教徒早就對上層僧侶的腐敗墮落、把廟宇財產和領地據為己有的行徑強烈不滿，對他們卑恭屈膝與英人勾結的行為

更是怒不可遏。一場反對上層僧侶的運動自發興起，這就是著名的「阿卡利」運動。

　　1920 年 10 月 12 日，錫克教徒在賈利亞瓦拉公園舉行集會，哈克森・辛格 (Harkishan Singh)、泰加・辛格 (Teja Singh) 和賈特達爾・卡塔爾・辛格・賈巴爾 (Jathedar Kartar Singh Jhabbar) 均出席了集會。人們對一年前發生在這裡的大屠殺慘景仍記憶猶新，對金廟管理人獎賞劊子手的行為憤慨不平。集會群眾湧進金廟，供奉祭品，其中有大批的賤民也獻上自己的供品，因而引起一場激烈的爭論。因為上層僧侶是不准賤民在金廟放置供品的。最後爭論的雙方決定請教聖典，聽從祖師的教誨。任意翻開一頁，無論《阿底格蘭特》怎麼說，都要絕對服從。當打開《阿底格蘭特》時，恰巧翻到這樣的詩句：

> 神甚至寬恕無德行者，
> 把他們集於氅下，
> 以祖師的船舟載他們脫離苦海。
>
> ——《蘇拉特》，M.3。

　　僧侶無奈只能收下所有人的供品。教徒們興奮地歡呼跳躍，僧侶們又氣又怕棄廟而逃。集會的教徒占領了金廟，拉開了轟轟烈烈的阿卡利運動的序幕。

　　1920 年 11 月 15 日，錫克教徒在阿姆利則舉行代表大

會，選舉產生了廟宇管理委員會，管理旁遮普境內的所有錫克寺廟及領地。之後，管理委員會接管了大多數廟宇。在接管塔蘭塔拉姆的廟宇時，遭到廟裡僧侶的抵抗，雙方交火，2 名錫克教徒被打死，17 人受傷，僧侶也有 18 名受傷。懾於阿卡利群眾勢力的強大，各地僧侶都紛紛自動交出寺廟管理權。然而，也有一些僧侶準備頑抗到底。位於納那克誕生的納那克聖廟管理人那拉因·達斯 (Narain Das) 就是這樣。他不願失去廟宇、領地和信徒奉獻的錢財，也深知自己品行惡劣、臭名昭著，教徒不會輕易放過他。因此他招兵買馬，糾集了一群烏合之眾，準備作垂死抵抗。廟宇管理委員會定於 1921 年 3 月 4 日接管納那克聖廟。1921 年 2 月 20 日凌晨，拜·拉齊曼·辛格 (Bhai Lachhman Singh) 率 150 名錫克教徒從外地趕到納那克寺廟朝拜。當他們進入內殿舉行儀式時，大門突然被關上，埋伏在殿內的暴徒們瘋狂地開槍掃射正在吟唱讚歌的教徒，把他們打死後又把屍體切成碎塊，澆上汽油燒成灰燼。拉齊曼·辛格被綁在樹上活活燒死。

這一慘案使錫克教徒震驚，廟宇管理委員會呼籲所有錫克教徒戴黑色頭巾悼念遇難者，號召大家起來反抗暴行。英殖民當局派人到出事地點視察後，害怕釀成更大的衝突，開始大規模逮捕錫克教徒及其領袖。桑達拉·卡塔拉·辛格·賈巴爾被判 18 年徒刑，塔拉·辛格被判 11 年，泰加·辛格被判 9 年。後來，兇手那拉因·達斯被判無期徒刑，他的幫兇被處絞刑。

這次慘案所引起的騷動過後，英殖民當局對阿卡利運動加強防範。為了維護對他們效忠的上層僧侶的利益，英殖民當局任命巴哈德·辛格 (Bahadur Singh) 為金廟的新管理人，並收走廟中珍寶博物館的鑰匙。巴哈德·辛格數日後辭職，英方找不到合適的人選代替他。錫克教徒抗議殖民政府的做法，在各地掀起了反英浪潮，不少人被捕，但群眾並未被嚇倒，抗議浪潮席捲整個旁遮普。英殖民政府被迫讓步，把鑰匙交還給廟宇管理委員會主席桑達爾·卡拉克·辛格 (Sardar Khadar Singh)，並釋放了被捕的錫克教徒和領袖。阿卡利運動取得初步勝利。聖雄甘地聽到這一消息後非常高興，致電祝賀錫克人奪得了為獨立而戰的第一次戰役的勝利。

1921 年 7 月，在阿卡利運動的基礎上成立了一個半軍事性組織──錫克教徒軍，即阿卡利黨。塔拉·辛格任主席，總部設在阿姆利則的金廟。阿卡利黨和廟宇管理委員會一起領導著阿卡利運動向縱深處發展。

然而，運動並非一帆風順。英國殖民主義者又以錫克教徒佩戴超過 9 英寸的短劍和纏黑頭巾為理由，逮捕了大批教徒。失利的僧侶們也不甘心失敗，趁機又進行反撲。古魯卡花園（位於阿繼那拉，離阿姆利則 15 英里）的管理人桑達·達斯 (Sunder Das) 撕毀幾個月前與廟宇管理委員會達成的協定，捲土重來，奪回了寺廟和花園。花園中有大片樹林，錫克教徒常在這裡砍柴供公社食堂燒飯用。但是，1922 年 8 月 8 日，當 5 名教徒又去採集樹枝時，被警察逮捕。因為桑達·

達斯指控他們非法侵入花園。隨後，大批教徒被捕。為了反抗政府的鎮壓，錫克教領袖開始了和平的抗議行動，每天派100名教徒到古魯卡花園。第一批出發的全是退役的錫克老兵，他們到達時全部被逮捕。第二批到達時，遭到警察的殘酷毆打，不少人被打成重傷。傷者被救下去後，另一批抗議者又接著上來，前仆後繼，英勇頑強。印度教徒和穆斯林都被錫克人的這種無畏精神和和平的鬥爭方式所震撼，積極支援他們，捐款捐物，救護傷員。甘地讚揚阿卡利戰士的勇敢無畏為全民族樹立了光輝榜樣。

　　和平抗議行動終於獲勝。1923年5月，5,600多名被捕者被釋放。但不久，趨於平靜的局勢又起波瀾。英殖民當局以帕蒂亞拉王公與那巴王公的糾紛為藉口，廢黜了那巴的錫克王公，把他流放到達拉敦。該王公一直傾向於民族解放運動，在那卡納慘案後回應阿卡利領袖的號召戴黑頭巾以示哀悼，因而被英方視為危險因素。雖然他被迫寫了退位書，表示自己是自願放棄王位的，但是錫克教徒明白其中的真正原因。廟宇管理委員會和阿卡利黨領導教徒舉行抗議活動，決心不惜任何代價使錫克王公重定。英殖民當局為阻止事態擴大，宣佈廟宇委員會和阿卡利黨為非法組織，逮捕了塔拉·辛格等領導人。憤怒的錫克教徒舉行集會抗議當局的惡行，但遭到更大規模的鎮壓。

　　為了祈求勝利，錫克教徒聚集在一起舉行儀式，吟誦聖典。警察強行把一個吟誦者（15歲的男青年）從聖壇上拖走。

這一行為更激怒了廣大錫克教徒。為了捍衛錫克教儀式的神聖不可侵犯性，教徒們開始向出事地點加塔 (Jaita) 進軍。第一批到達 500 多人，警察開槍打死 40 多，打傷 300 多，其餘的被捕。與此同時，各地參加集會的教徒也先後被捕，整個旁遮普籠罩在白色恐怖之中。全印各地掀起了聲援錫克教徒的浪潮。經過長期艱苦的抗爭，阿卡利運動獲得勝利。1925年 6 月 9 日，旁遮普議會通過一項法案，規定把旁遮普境內的所有錫克教寺廟和領地的管理權交給廟宇管理委員會。這標誌著錫克教徒反抗上層僧侶、反對殖民政府的鬥爭大獲全勝。

阿卡利運動以自發的宗教改革運動開始，經過發展，演變為具有強烈反英色彩的政治運動，並在運動中誕生了錫克人的政黨——阿卡利黨。該黨把千百萬錫克教徒團結起來，顯示了嶄新的精神風貌和大無畏氣概，喚醒了人們的民族意識，使他們投身於反殖抗英、爭取獨立的民族解放洪流中。阿卡利運動還造就出一批具有憂患意識、胸懷遠大的錫克教領袖，它的非暴力鬥爭方式也為錫克人贏得了榮譽和自豪。與以往的幾次宗教改革運動相比，阿卡利運動範圍更廣泛，聲勢更浩大，目標更明確徹底，反英傾向更強烈，因而也具有更深遠的意義和影響。

此後的幾十年中，阿卡利戰士大多數都投身於聖雄甘地領導的民族獨立運動中，成為國大黨的重要依靠力量。許多錫克人被英國殖民當局逮捕，被判終身監禁或流放到安達曼

群島。錫克教的領袖桑達拉‧巴格特‧辛格 (Sardar Bhagat Singh) 英勇犧牲。塔拉‧辛格領導的阿卡利黨積極配合國大黨，帶領錫克教徒浴血奮戰，為印度的獨立做出了巨大貢獻。聖雄甘地和尼赫魯都曾讚揚過錫克人的英勇獻身精神。

# 第六章

# 現代錫克教和錫克人

近現代錫克教在宗教理論方面沒有創新和發展，
宗教領袖過多地參與政治、關心俗世，
現代社會的政治環境也不許可他們去冥思深奧的哲理問題。
於是，一部現代錫克教史，
說到底只能是現代錫克人政治鬥爭史。

　　在經歷了歷史的風雨坎坷之後，錫克民族同印度其他民族一起，於 1947 年 8 月 15 日迎來了印度獨立的曙光。

　　獨立時，尼赫魯領導的國大黨曾向阿卡利黨領袖許下諾言，給予旁遮普一些優惠待遇。獨立後，由於國大黨中央政府的某些政策失誤，錫克人的較高期待破滅，產生被欺騙、受歧視的感覺。民族主義情緒不斷滋長。整個 50、60 年代，強烈要求建立單一的旁遮普語言邦就是這種情緒的寫照。70 年代以後，伴隨著綠色革命的成功開展，旁遮普邦農業經濟快速發展，進一步刺激了錫克人的政治胃口，要求在印度憲法範圍內獲得更多自治權利的呼聲不斷高漲。自治鬥爭是錫克人現代政治鬥爭的主流。但與此同時，阿卡利黨內部出現分裂，黨內極端派和一些青年錫克人夢想著恢復歷史上蘭季特帝國的輝煌，打出了建立獨立「卡利斯坦國家」的旗號。為此，他們不惜採用恐怖、暴力方式，把旁遮普地區推向動盪境地。經濟發展、社會動盪更是 70、80 年代旁遮普地區政治上的特點。尼赫魯和英·甘地政府對錫克教領袖都是採用胡蘿蔔加大棒的兩手策略，與溫和派談判，對極端派鎮壓。「蘭星行動」和朗格瓦爾協定集中反映出中央政府處理旁遮普問題的這種策略。

　　錫克人全民信教。他們因宗教信仰而成為一個民族。他們在政治上感到受歧視時，宗教上也深感受到不公正對待。不僅在印度教徒心目中錫克教只是印度教的分支派之一，旁遮普語只是印地語的方言之一，而且獨立後印度的法律和慣

例也作如是觀。印度教徒、穆斯林、基督教徒都有適合本宗
教風俗習慣的婚姻法和財產繼承法，唯獨錫克教沒有相關的
法律保護。於是，錫克教徒反對宗教歧視就與政治鬥爭緊密
結合。錫克教並非政教合一，但它有賴於政治尋求發展，適
應時代。而阿卡利黨領導的政治鬥爭又利用錫克教，達到政
治目的。

　　錫克教的宗教組織，如全印錫克寺廟管理委員會、五人
長老委員會，從一開始即投入到阿卡利黨爭取建立旁遮普語
言邦的鬥爭中。「藍星行動」嚴重傷害了錫克人的宗教感情，
部分教徒與阿卡利黨極端派人士走到一起，走上分離主義道
路，要求以恐怖手段和武力建立「卡利斯坦國家」。教派主義
與恐怖主義結合，進一步加劇了旁遮普地區局勢的動盪，危
及印度的主權和領土完整。現代錫克教就是在這種艱難局面
中，頑強地發展著。

　　宗教一經產生，既是一種信仰，也是一種文化和生活方
式，一種由其信徒世代因循相傳的傳統。占全世界錫克教徒
總數的 90% 的錫克人集中在印度旁遮普地區，另有 10% 散
居在全印各個地區以及英國、美國、加拿大等西方國家。從
外表、從姓名上可以輕易地識別出錫克人。抱殘守缺的老年
人，受現代文明衝擊的新一代，不論其對信仰的理解領悟和
堅定程度有多麼大的差別，相同的風俗習慣和文化傳統就像
無形但卻無比牢固的紐帶，把他們結合在一起。近現代錫克
教在宗教理論方面沒有創新和發展，宗教領袖過多地參與政

治、關心俗世，現代社會的政治環境也不許可他們去冥思深奧的哲理問題。於是，一部現代錫克教史，說到底只能是現代錫克人政治鬥爭史。

# 第一節　建立單一語言邦的運動

在印度反對英國殖民統治、爭取民族獨立的鬥爭中，錫克人在自己的民族主義政黨——阿卡利黨的領導下，與國大黨人士並肩戰鬥，有很多錫克人直接參加國大黨，為印度獨立作出了重大貢獻。1947年印度和巴基斯坦分治時，錫克人集中居住的旁遮普家園，由於地處印巴之間，錫克人首當其衝，遭受極大生命、財產損失。整個旁遮普地區被一分為二，東南部劃歸印度，西北部劃入巴基斯坦。於是，原先世代居住在西北部的錫克人被迫逃離家園，遷往印境。而東南部的穆斯林也離鄉背井，湧向巴基斯坦。這股巨大的移民浪潮始終伴隨著教派衝突與仇殺，血雨腥風籠罩著旁遮普。據大概估計，只是被殺死的錫克人、穆斯林和印度教徒就達50多萬人，逃難途中病死、餓死的人不計其數。遭受各種物質損失、喪失親人和無家可歸者達1,200萬人。

英國人在討論印、巴分治方案時，曾考慮成立一個獨立的錫克國家，地盤就是今日印境旁遮普邦和巴境旁遮普省，「讓錫克人以自己的政治腳步邁向現代世界歷史之中」。穆斯

林聯盟贊同在印巴之間成立這樣一個「緩衝國」。一部分錫克人也呼籲成立「自由旁遮普」，避免使其分裂。但由於錫克人在宗教感情上更接近印度教，對歷史上伊斯蘭教王朝——莫臥兒帝國對錫克人的殘酷鎮壓記憶猶新，阿卡利黨在政治上歷來與國大黨合作，以塔拉·辛格為首的阿卡利黨通過決議，贊成旁遮普分治，拒絕英國提出關於建立主權國家的建議。國大黨則許諾獨立後的印度將「以特殊立法形式來保證錫克人的正當權益和要求」，給錫克人以高度自治權力。於是，占該地區面積38%、人口45%的錫克人聚住區劃歸印，其餘歸巴管轄。

　　印度獨立後，尼赫魯政府未能履行諾言。印度成立了「帕坦和東旁遮普邦」，講旁遮普語的錫克教徒在邦內成為少數民族，講印地語的印度教徒占居多數，錫克教沒有得到任何特殊照顧。他們感到被欺騙和愚弄了。分治使穆斯林得到巴基斯坦，印度教徒得到印度，而錫克教徒則一無所有，有的只是對分治時的痛苦記憶和對現狀的極端不滿。因而錫克人的怨恨情緒增加。阿卡利黨抓住時機，發動了建立單一的旁遮普語言邦運動。

　　印度是一個多民族、多語言的國家。僅官方承認的主要語言就有14種。早在20世紀20年代英國殖民統治時期，印度人民就有根據語言原則建立邦區的要求，獨立後呼聲更高。印度政治體制雖然是聯邦制，但中央政府強調中央集權，不願過多下放權力。建立語言邦實際上是地方民族主義勢力抗

衡中央，要求更多自治權的反映。印度政府為此雖先後任命
兩個委員會調查建立單一的語言邦問題，但基本上是敷衍、
拖延，態度並不熱衷。1952 年，原馬德拉斯邦的泰盧固族首
先要求脫離馬德拉斯，成立單獨的泰盧固語言邦。該邦一位
國大黨領導人在這年 10 月絕食至死，壓迫中央政府立即成立
安德拉邦。同時該邦泰盧固縣也發生反政府暴動。印政府被
迫於 1953 年宣佈成立安德拉邦。1960 年原孟買邦講古吉拉
特語的地區又成立古吉拉特邦，其餘地區改稱馬哈拉施特拉
邦。至此，在印度憲法規定的 14 種主要語言中，唯有旁遮普
語不是單一邦的語言。

　　錫克人較早要求建立單一的旁遮普語言邦，但進展遲緩。
從錫克人方面看，由於近半數的錫克人還未能從分治的創傷
中恢復，塔拉·辛格的主要支持者在過去的西旁遮普，分治
後力量分散，忙於重新安家，對政治興趣不大，而且原東旁
遮普的阿卡利黨人以賈特種姓為主，在分治後經濟地位加強，
不願服從非賈特種姓的塔拉·辛格的領導。內部分歧削弱了
運動的力量，也給政府可乘之機。從政府方面看，由於旁遮
普地處印巴邊境，戰略地位重要。建立單一語言邦旨在同中
央分庭抗禮，削弱中央，這種趨勢發展下去，勢必危害印統
一和領土完整，後果堪虞。所以尼赫魯政府儘管對南方和西
南地區建立語言邦的運動作出妥協和讓步，對錫克人的要求
一直持堅決拒絕態度，強調「缺乏條件」。

　　安德拉邦，尤其是古吉拉特邦的建立，給錫克人以鼓舞。

越來越多的錫克人對尼赫魯總理的拒絕態度不滿。1960 年 4 月 30 日，塔拉·辛格發動數十萬錫克人參加了和平請願活動，另一位阿卡利黨領導人法特·辛格威脅要絕食至死。印政府採取壓制手段，逮捕近 6 萬錫克人。1961 年 8 月 15 日印獨立節這天，塔拉·辛格宣佈絕食，壓迫中央讓步，放棄對錫克人的歧視政策，同意成立旁遮普邦。他連續絕食 48 天，邦內秩序大亂。尼赫魯總理使出緩兵之計，指定了一個 3 人高級委員會來「聽取錫克人的要求」。委員會中沒有一人是錫克教徒，遭到阿卡利黨的抵制。當時印度和中國關係緊張，和巴基斯坦一貫不和，尼赫魯和繼任者夏斯特里均認為錫克人在利用印度的外部困難向中央施壓，要挾中央，懷疑是巴基斯坦情報機構幕後操縱，在議會表示寧願內戰，也不屈服於錫克人的壓力。

　　1965 年 9 月，第二次印巴戰爭爆發。錫克人的家園變成了硝煙彌漫的戰場。錫克軍人在前線英勇作戰，阿卡利黨公開發表聲明支援中央政府，並決定停止一切政治活動。1966 年 1 月，在蘇聯斡旋下，印巴簽署「塔什干宣言」，實現停火和撤軍。夏斯特里總理出席會議後心臟病突發，病逝於塔什干。尼赫魯的女兒英迪拉·甘地繼任總理。她有感於錫克人在戰爭中的忠誠，也擔心同錫克人繼續對抗會導致錫克人內部極端派勢力增長，影響邊境安全，於 1966 年 3 月答應重新考慮建立旁遮普語言邦的問題。

　　1966 年 11 月，旁遮普邦與哈里亞納邦分別成立，地跨

兩邦的新興城市昌迪加爾成為中央直轄區，同時也是兩邦共有的首府。旁遮普邦面積 5 萬平方公里，人口 1,200 萬，其中錫克教徒占該邦總人數 60%，而且全印錫克人中的 85% 居住在該邦。

阿卡利黨的基本要求得到滿足。但鑑於邦區劃分時未嚴格按語言狀況分界，尤其是講旁遮普語為主的昌迪加爾市未劃歸旁遮普邦，阿卡利黨提出了重新劃界的要求。1969 年 8 月 15 日，該黨領導人達山・辛格開始絕食，1970 年 1 月 26 日印度國慶節時，該黨主席法特・辛格又開始絕食至死活動，要求中央政府把昌迪加爾市和鄰邦講旁遮普語的地區劃歸旁遮普邦。第四天，英・甘地總理答覆阿卡利黨，同意把昌迪加爾劃歸旁遮普邦所有，條件是把旁遮普邦兩個講印地語的產棉區劃歸哈里亞納邦。同時決定成立一個專家委員會調查鄰近邦區哪些地區以講旁遮普語為主，一俟確定後即劃歸旁遮普邦。此建議出籠，立即遭到哈里亞納邦的強烈反對，阿卡利黨也不同意以土換土原則，劃出的 2 個地區是印度著名棉花產區，而且同哈里亞納邦不接壤，必須借道旁遮普，成為哈里亞納在旁遮普的「飛地」。這一方案不了了之。

# 第二節　綠色革命與自治要求

1962 年，挪威出生的美國農業科學家諾曼・博拉格在墨

西哥從事農業科技推廣工作 14 年後，來到印度。他以旁遮普農業大學為基地，帶領一批印度農業專家致力於發展印度落後的農業，得到印度政府的大力支持。60 年代中期起，印政府選擇旁遮普、哈里亞納等自然條件較好的邦區，在博拉格等專家的幫助下，通過採用高產良種、增施化肥、擴大灌溉面積、改良耕作技術和增加農業機械等，來提高糧食單位面積產量，改變過去僅靠擴大耕種面積來提高產量的傳統做法。這就是有名的「綠色革命」。

印度是一個農業大國，全國 80% 的人口從事農業。農業發展較慢，基本上靠天吃飯，每年要進口大量糧食以滿足基本的生活需求。若逢災年，農業歉收，則進口更多。1961 年印進口糧食 349 萬噸，1966 年進口達 1,034 萬噸，花去大量外匯。綠色革命以後，情況發生很大變化。全國小麥和大米每公頃產量分別增加 54% 和 11%。而旁遮普邦地處印度五河流域，土壤肥沃，灌溉便利，糧食產量更是大幅度增加。全國大米平均每公頃產量 1,215 公斤，小麥 1,415 公斤，旁遮普分別為 2,887 公斤和 2,449 公斤。旁遮普邦以占全印 2% 的種植面積和 1.6% 的人口，每年向國家交售的高品糧占全印收購商品糧總數的 50%，有「印度糧倉」之稱。錫克人自豪地稱「我們養活整個印度人」。1977 年印全國小麥總收購量 505 萬噸，大米 500 萬噸，旁遮普分別占 315 萬噸和 145 萬噸。從這年起，印初步達到了糧食自給，而且有了少量出口。

1966 年以前，錫克人在邦內屬少數民族，邦政府一直控

制在國大黨手中，阿卡利黨只能處於在野位置。單一的旁遮普語言邦成立後，旁遮普邦政治形勢隨之發生變化。1967 年邦議會選舉中，阿卡利黨首次在該邦執政，同印度共產黨組成聯合邦政府。1969 年選舉中，阿卡利黨又首次在該邦單獨執政。中央和地方政府的矛盾在這一時期得以發展。旁遮普邦農產品資源豐富，但中央以該邦地處邊疆為由，在工業方面投資很少，邦裡只好把 7% 的棉花和 60% 的甘蔗作為初級產品賣給其他邦，再花更多的錢買回製成品。中央不願把巴克拉大電站交由邦政府管理，不同意修建特茵大壩，而且決定由旁遮普和哈里亞納邦對半分享拉伏比斯河水，使旁遮普多年來依靠該河灌溉的 90 萬英畝農田面臨乾旱危險。此外，在中央的一些立法中歧視錫克人，不承認錫克人的宗教地位。如憲法中把錫克教列在印度教類別中，婚姻法提到其他宗教，唯獨不談錫克教。中央還減少錫克人在軍隊中的比例。獨立時錫克人占印軍總人數的 33%，到 70 年代不足 12%。歷年中沒有一個錫克軍人擔任過印軍最重要的陸軍參謀長職務。隨著綠色革命的成功開展，旁遮普經濟地位進一步提高，錫克人更加不滿這些歧視，對這些歧視也更加敏感了。經濟的發展刺激了政治上的要求，錫克人強烈要求自治的呼聲高漲。

　　1973 年 10 月 17 日，阿卡利黨工作委員會通過了著名的「阿南德普爾決議」，錫克人的民族情緒和自治呼聲首次由其政黨以綱領形式系統地提出來，向中央要權。該決議要求把留在相鄰邦區講旁遮普語的地區劃歸旁遮普邦，昌迪加爾只

能是旁遮普邦獨有的首府，合理解決河水分配等問題，並要求中央只管國防、外交、通信、鐵路和貨幣，其餘一切權力下放歸邦。後來，阿卡利黨又逐步提出要求中央增加對邦內投資援助，在邦內建立國營工業企業，恢復錫克人在陸軍中的比例。宗教方面，阿卡利黨還提出要求中央制定全印錫克廟宇法，宣佈阿姆利則為聖城，禁止在金廟設廣播站和銷售煙酒，要求政府停止對錫克教和錫克廟宇事務的干預等。

　　1975 年英·甘地在全國實行緊急狀態法，以對付反對黨和黨內反對派對她的攻擊。錫克人自治運動受到打擊。1977年英·甘地下臺，人民黨組成中央政府時，採取了一些緩和措施，使中央與地方的矛盾一度有所緩解。1980 年 1 月，英·甘地東山再起，上臺後馬上解散了包括旁遮普邦在內的 9 個邦政府。同年 5 月舉行的邦議會選舉中，阿卡利黨敗北，國大黨在旁遮普邦執掌邦政權。一度疲軟的自治呼聲再度高漲。

　　1980 年 8 月，阿卡利黨發生分裂，分別成立了阿卡利黨（朗格瓦爾派）和阿卡利黨（達爾旺迪派）。朗格瓦爾主張在印憲法內獲得更多的自治權，願以和平方式通過談判達到這一目標。達爾旺迪派則屬強硬派，主張以暴力、恐怖方式達到高度自治或獨立。但這一派最初並無多大影響。

　　1981 年 7 月，朗格瓦爾派通過決議，要求中央在 8 月底之前滿足錫克人的一些經濟和宗教要求，否則將組織上萬人和平進軍德里的運動。9 月 7 日，大批錫克人湧向德里遊行，政府逮捕了一些領導人。1981 年 10、11 月和第二年 4 月，

政府先後三次同朗格瓦爾會談。朗認為政府缺乏誠意，對他們的合理要求裝聾作啞，不予答覆。在談判期間還在河水分配問題上作出有損旁遮普邦利益的決定。朗格瓦爾決定在 1982 年 8 月 4 日開展和平的反政府運動。該運動的目標便是要實現阿南德普爾決議。數萬名群眾上街遊行，自願被捕。他們還決定於 1982 年 11 月亞運會在德里舉行期間，到首都去遊行。中央迫於壓力，採取了一些妥協措施，如釋放了被捕的 2 萬多名群眾，還恢復了同朗格瓦爾的對話。政府對阿南德浦爾決議中的宗教要求予以滿足，但朗格瓦爾認為遠遠不夠，繼續堅持非暴力反政府運動。

## 第三節　「卡利斯坦」運動和「蘭星行動」

「卡利斯坦」(Khalistan)，在旁遮普語中原意為純潔的國土，意指單獨的錫克人國家。早在 1942 年和印巴分治過程中，錫克人就提出建立「卡利斯坦」的口號，1971 年 10 月，賈吉特·辛格在美國錫克移民中作鼓動宣傳時又重新提出。他在報紙上撰文鼓吹建立獨立錫克人家園，當時反響不大。1980 年，賈吉特·辛格在加拿大宣佈成立卡利斯坦政府，自任總統，並在一些國家設立使館，頒發護照等。這引起印政府高度重視，多次向加拿大政府提出交涉。但作為一種獨立思潮，其影響也只限於國外錫克人僑民中，在印國內影響很小。1981 年 3 月中旬，美國籍錫克人迪龍·辛格回印度參加在昌迪加

爾舉行的第五十四屆世界錫克人教育大會時，在講話中公開
呼籲成立卡利斯坦國，強調「錫克民族應當成立獨立的國家」，
應當尋求成為聯合國成員。這一講話被認為是卡利斯坦的呼
聲首次在印公開亮相，受到與會者的熱烈歡呼和回應。

　　3月30日，全印錫克寺廟管理委員會一致通過決議，宣
佈錫克人根據其過去的宗教、政治、語言和文化特徵，應當
組成獨立的主權國家。緊接著，阿卡利黨（達爾旺迪派）也
於4月13日通過決議，把建立獨立卡利斯坦作為該黨政治目
標寫入黨綱。這是錫克人要求獨立的願望首次在阿卡利黨強
硬派的黨綱中反映出來，使這種獨立運動從一開始就顯得來
勢較猛，而且有組織有綱領，有一定群眾基礎。全印錫克學
生聯合會馬上表態支援阿卡利黨（達爾旺迪派）的政治主張。

　　1981年9月29日，5名錫克青年用佩刀劫持了一架印航
波音737飛機去巴基斯坦的拉合爾。劫機者聲稱，此舉是為
了擴大錫克人要求建立卡利斯坦的國際影響，並脅迫政府立
即釋放被捕的支援卡利斯坦運動的宗教領袖賓特蘭瓦爾。巴
基斯坦政府當即採取果斷措施，很快解決了劫機事件。卡利
斯坦問題卻由此引起了印國內外廣泛注意，成為英·甘地政
府的又一大難題。印政府先後採取了一系列措施予以鎮壓，
宣佈取締「卡爾薩黨」和「卡利斯坦全國委員會」等組織，
逮捕了一些人，但無濟於事。受到阿卡利黨（達爾旺迪派）
和一些宗教領袖支援的錫克青年人熱衷於從事恐怖活動，爆
炸、暗殺、搶劫活動不斷發生，旁遮普邦治安狀況日益惡化，

一些專門針對印度教徒的教派謀殺案件也越來越多，造成無數無辜百姓死傷。

1983 年 10 月 6 日，英·甘地宣佈在旁遮普邦解散邦政府，實行總統直接治理，由中央接管該邦以便穩定局勢。政府一面同阿卡利黨（朗格瓦爾派）談判，分化錫克人，另方面加緊鎮壓恐怖主義和分裂主義活動。1984 年 3 月 4 日，印又宣佈旁遮普邦為動亂地區，警方有權任意搜捕可疑人員，但收效甚微。談判未能如願，朗格瓦爾決定開展不合作運動，號召罷工罷市，並抵制把糧食運出旁遮普邦。而鎮壓活動更難奏效，恐怖份子一般結成團夥，以錫克廟為依託，夜晚外出騷擾破壞，白天躲藏在廟內。根據法律，持槍的警察是不允許進入神聖的廟宇內的。恐怖份子有恃無恐，警方無可奈何。最大的一股恐怖主義勢力以賓特蘭瓦爾為首，占據聖城阿姆利則大金廟，給社會造成極大危害。英·甘地決定採取果斷行動。

1984 年 6 月 2 日晚，英·甘地對全國發表電視講話，再次呼籲恐怖份子放下武器，走出廟宇投降，並表示政府將不得不採取堅決行動，以制止曠日持久的流血活動和分裂陰謀。這是向恐怖份子發出的最後通牒。政府同時宣佈，派出軍隊到旁遮普邦維持秩序，幫助恢復社會治安。並在阿姆利則城宣佈戒嚴令，實行邦內新聞和通訊管制，禁止外國人出入該邦。第二天，印西部軍區參謀長達亞中將組成的「藍星行動」指揮部宣佈成立，7 萬軍隊開進聖城阿姆利則。

　　蘭星行動共分 3 個階段。首先是蕩平大金廟內的恐怖份子。6 月 4 日開始行動，5 日晚印軍一個加強營強攻，衝進金廟內。原以為 5 個小時可以結束戰鬥，豈料恐怖份子早有準備，仗著武器精良和地形熟悉，尤其是賓特蘭瓦爾盤踞在金廟內阿卡塔克提主殿內負隅頑抗，軍隊久攻不下。加上當時正處在朝聖時期，大金廟建築群內外無辜信徒很多，影響了軍事行動。軍方原以為軍事行動可以迫使對方投降，現在騎虎難下。在請示德里最高當局之後，6 日晚軍方出動 7 輛坦克配合，才衝進阿卡塔克提主殿。主殿是錫克教五人長老委員會宣佈重要教規的地方，在錫克教徒心目中是最神聖的地方，現在遭到嚴重損壞。7 日凌晨，政府宣佈對大金廟的軍事行動結束，共打死包括賓特蘭瓦爾在內的恐怖份子 554 人，打傷 121 人，另有 700 多人投降。8 日，軍隊開始執行第二階段蘭星行動，即圍剿和搜捕金廟外的阿姆利則城內恐怖份子。15 日又開始實施針對農村地區的第 3 階段蘭星行動計劃，共逮捕嫌疑分子達 3,038 人。

　　「蘭星行動」的消息傳開後，在國內外錫克人中引起強烈反應。6 月 8 日，駐防在比哈爾邦的 1,400 多名錫克族軍人發動反政府譁變，向故鄉旁遮普開進，印度出動大批軍隊沿途攔截，動用了重武器鎮壓。駐防印度和巴基斯坦邊境地區的 300 多名錫克官兵也集體叛逃到巴基斯坦。印度孟買、德里等大城市的錫克人紛紛走上街頭，抗議政府的鎮壓行為。美國、英國和加拿大等地的錫克人也聲援國內同胞，譴責蘭

星行動。阿卡利黨各派均要求政府公開道歉，立即撤走金廟駐軍，修繕被毀的主殿。該黨在6月17日舉行為「死難烈士祈禱日」，男子纏黑色頭巾，女子戴黑紗，全天禁食，晚上睡地板，以示哀悼。錫克族出身的印度總統宰爾·辛格6月8日視察金廟後，目睹主殿成為殘垣斷壁，彈孔累累，著名藏經閣被炮火焚毀，大批錫克教珍貴文物付之一炬，也感到十分震驚和難過，連稱沒有想到結果竟會如此，並公開請求教胞的諒解。9月2日，錫克教五人長老會和廟管會在阿姆利則召開的世界錫克人大會上通過決議，要求印軍9月30日以前撤出金廟，否則錫克人將去解放。決議抗議政府濫殺無辜，呼籲聯合國派代表來調查印軍所犯罪行，並稱宰爾·辛格總統和內政部長布塔·辛格（也是錫克人）犯了宗教罪，必須到金廟謝罪懺悔。9月25日，印度政府宣佈撤軍，金廟交由五位教長管理。10月9日，軍隊全部撤出大金廟，移交工作最後完成。

　　藍星行動的影響是深遠的。它傷害了錫克人的宗教感情，加深了印度教徒與錫克教徒的隔閡與矛盾。錫克人把它看作是對錫克民族全民的侮辱和屠殺，發誓要報復。這就是導致英·甘地被刺的直接原因。

# 第四節　錫克人與英‧甘地總理之死

當錫克人沈浸在藍星行動的悲憤中時，一個暗殺英‧甘地總理的陰謀正在形成。主謀是一個叫做曼恩‧辛格的錫克人。

曼恩家境殷實，其父是旁遮普有名的富紳，曾當過邦議會的議長。曼恩本人大學畢業後一直在警界服務，做過旁遮普邦法里德科特縣警察局長。該縣是著名分離運動領導人賓特蘭瓦爾的故鄉。曼恩在局長任上同他有過頻繁交往，對他的激進觀點持贊同態度，並為他們提供武器持有許可證。後來曼恩被調往孟買，二人繼續保持往來。藍星行動中，賓特蘭瓦爾被亂槍打死在大金廟主殿中。曼恩聞訊悲痛異常，決定辭職悼念亡友和抗議政府。他在寫給總統宰爾‧辛格的署名信中稱，自己服務警界 17 年，深感自己為之效力的國家背叛了錫克人民，血債一定要償還。曼恩辭職後即轉入地下組織，和激進派組織「全印錫克學生聯合會」主席帕爾‧辛格聯繫，決定繼續進行錫克人的獨立運動，重振「卡利斯坦」旗鼓。他們在多次密謀之後，擬定對策，先劫持飛機，製造國際影響，顯示力量並鼓舞錫克人鬥志，然後暗殺藍星行動主謀的英‧甘地總理，祭奠死難同胞。

1984 年 8 月 24 日，曼恩派出的 7 名錫克人自願鬥爭團

的成員，成功地把一架印航飛機劫持到巴基斯坦，機上乘客共 60 餘人。巴方未同意劫機者的避難要求，飛機轉道巴林，降落在阿聯大公國的杜拜機場。印政府經過數度與阿聯大公國緊急磋商，於 9 月 2 日將劫機犯引渡回印。此事轟動一時，成為國際輿論關注的焦點，劫機者的目的達到了。引渡回國的劫機犯未供出主謀，這樣曼恩和帕爾被保護下來。他們開始下一步行動。

曼恩潛入首都德里，通過介紹與英·甘地總理內層警衛賓特·辛格和薩特旺提·辛格聯絡上。賓特畢業於旁遮普大學，當警官 12 年，忠於職守，沈默少言，英·甘地較信任他。一年前他曾作安全官陪同總理出訪北歐幾國。薩特旺提只有 21 歲，參加警衛部隊不到兩年時間。二人均對蘭星運動不滿，視英·甘地總理為錫克民族的千古罪人。他們每週去德里小金廟參加禱告時，並不隱瞞自己的觀點，從而為曼恩所利用。蘭星行動後，印度安全機關曾一度撤換了英·甘地的全部 12 名錫克族內層警衛，其中包括賓特和薩特旺提。英·甘地發現後頗為不滿，她說：「如果某一個特殊信仰的民族被趕出我的住宅，我怎麼能說印度是一個世俗的社會呢？」她堅持恢復原來的安排。

1984 年 10 月 31 日，一個沈重的日子。這天早晨，英·甘地總理仍同往常一樣早起，先是翻看當天的報紙，又沖了澡。7 點 30 分，她坐到書桌旁，一邊瀏覽當天的日程安排，一邊等著廚師送來早餐。印度獨立後的第 9 次全國大選已訂

在年底 12 月舉行。國大黨自 1980 年大選中擊敗短命的人民黨政府，東山再起以來，政績卓然，此次連任似成定局。但英·甘地不敢有絲毫懈怠。長子、政治接班人拉吉夫·甘地正遠在千里之外的孟加拉邦競選，她自己則是昨晚剛從奧里薩邦競選歸來。這天的日程排得很滿，重要會見就有 4 起。上午 9 點，她將在辦公室接受英國 BBC 電視記者採訪，還要會見來訪的英國前首相卡拉漢。晚上，她還將在家裡設宴款待英王室成員安妮公主。這些日程都是由她的特別助理達萬安排的。儘管已是 67 歲的老人了，英·甘地總理並不感到勞累。

　　這時，廚師送來了早餐。通常，英·甘地總理是同家人一起吃早餐的。兒子在外地，孫子和孫女已吻別祖母上學去了，兒媳索尼亞同她商量了一下晚餐請客的菜譜後，也離開了。她獨自一人，匆匆用完早餐，離開書房來到隔壁房間。印度電視臺兩位女化妝師為總理接受電視採訪化妝。

　　8 點 30 分，英·甘地總理身穿粉紅色莎麗（印度女性的一種傳統服裝，是一塊長約 6 米，寬 1 米多的布料，穿時配上褲裙和緊身胸衣，裹在身上，少女和少婦穿上莎麗，顯得端莊嫵媚，走起路來，婀娜多姿，別有一番風韻。）出現在大門口，向辦公地點，緊鄰著薩弗達爾江路 1 號的另一座院子走去。同以往一樣，英·甘地總理的特別助理達萬夾著文件包跟隨總理身後，警長納仁撐著陽傘為總理擋太陽，管家拉姆也送她出院門。10 步之遙走著副警長達亞爾。

　　院子裡，早上的陽光穿過茂盛的娑羅樹、菩提樹叢，灑在小徑上，百鳥鳴唱枝頭。英·甘地總理邊走邊同達萬討論一些日程安排，哪裡知道死神正向她逼近。走近院門時，她注意到她熟悉的警官賓特在院門口值勤。總理中斷與達萬的談話，停了下來，微笑著向賓特點頭打招呼。

　　和賓特在一起的是另一位年輕警衛薩特旺提。離門只有3步了，英·甘地總理又把頭轉向達萬，準備繼續剛才的交談。

　　正在這時，賓特從槍套中拔出手槍，平端著，對準了英·甘地總理。

　　「你要幹什麼?」英·甘地總理警覺地問道。

　　當第一顆子彈射進她胸部時，這是她留在世界上的最後一句話了。又是3響，她的身體搖晃著，她擡起右手護住面部。薩特旺提手持卡賓槍，也扣動了扳機。25顆子彈射進了總理體內，整整用了2.8秒鐘。沐浴著清晨的一縷陽光，有「東方鐵娘子」之稱的英·甘地總理倒在了血泊中。

　　槍聲劃破了寧靜，總理的隨從被震懾了，難以相信眼前的一幕會是真的。兩名兇手在射出所有的子彈後，已經丟下武器。賓特把對講機也取下來放在地上，舉起雙手，異常沉靜地對抓他的人說:「我們已做了要做的事，現在輪到你們了。」值班大夫緊急為總理做人工呼吸後，吩咐馬上送全印醫學院。兒媳索尼亞抱著婆婆，坐在汽車後座上向醫院趕去。院方全力救治，但回天乏術。下午2點20分，院長用顫抖的

手，在英·甘地總理的死亡證明書上簽了字。

總理被送往醫院半小時後，薩弗達爾江路 1 號再次響起了槍聲。憤怒的警衛開槍打死了兇手賓特。高級警官趕到警衛室，從槍口下救出了另一名兇手薩特旺提。

拉吉夫·甘地在孟加拉得知母親遇刺的消息。在趕回德里的專機上，他知道母親已經去世。德里政界推舉他繼任總理。下午 7 點多，中斷訪問回國的宰爾·辛格總理主持宣誓儀式，拉吉夫就任總理，成為尼赫魯家族第三代政治傳人。

英·甘地之死引發了全國報復錫克人的騷亂。首先是德里局勢失控。一些人趁機造謠，說錫克人在放鞭炮、發糖果慶祝英·甘地之死，電視中又播放了弔唁人群高呼「償還血債」口號的鏡頭，11 月 1-3 日，德里一些印度教狂熱分子見錫克男子就殺，錫克人商店被搶被燒。一些好心的印度教徒鄰居把錫克人藏了起來，更多的錫克人被迫取掉包頭，刮鬍鬚，剃頭髮，以求保全性命。德里街頭到處濃煙滾滾，到處是被毀的商店和燃燒的車輛，相伴著每一個錫克人家庭婦女和兒童傷心的哭泣聲，騷亂以德里為中心，向全國輻射，80 多個城市均發生程度不同的針對錫克人的報復行動。事後官方宣佈的數據表明，這次騷亂導致近 3,000 人喪生，而德里一地被殺錫克人達 2,000 人，傷者愈千。德里還有 5 萬多錫克人逃到旁遮普邦投親靠友以避難，另有 5 萬人住進政府臨時設立的避難營地。11 月 2 日晚，新任總理拉·甘地發表緊急電視講演，呼籲人們保持克制，停止仇殺。11 月 3 日英·

甘地葬禮舉行之前，拉·甘地又視察了德里受害最嚴重的地區，極為震驚，下令軍隊接管德里的治安。坦克開進德里的主要街道，局勢才得以緩和。

英·甘地遇刺後，印度政府在全國通緝曼恩和帕爾，同時加緊審判薩特旺提。賓特的叔父克哈爾因參與暗殺，也被捕入獄。薩特旺提堅稱整個暗殺計劃是由賓特和他兩個人策劃的，與他人無關。警方拿出曼恩的照片，他否認認識這個人。經過長時間審判，1988 年 8 月 3 日印最高法院判處薩特旺提和克哈爾絞刑。行刑時間訂在 1989 年 1 月 6 日早上 8 點。行刑的前一天晚上，薩特旺提被允許同父母兄姊見面，之後同新婚妻子吻別。這是他第二次見到妻子。第一次是他 1984 年行刺前回旁遮普家鄉探親，父母為他舉行的訂婚儀式上。薩特旺提被捕後，曾寫信給未婚妻，提出解除婚約。未婚妻欽佩他的勇敢和獻身精神，於 1988 年 5 月抱著他的照片同他拜堂成親。儘管是生死離別，薩特旺提囑咐妻子好好學習，與家人和睦相處，不要為他傷悲。行刑這天，陰雨濛濛。骨灰由警方和他們的家屬一道，悄悄灑進恆河中。賓特、薩特旺提和克哈爾被錫克教長老會宣佈為烈士，賓特之妻畢瑪爾於 1989 年 11 月從旁遮普選區當選為印度國會議員。

1984 年 12 月 1 日，曼恩離開躲藏的加爾各答市，在同夥幫助下喬裝改扮，趁著夜幕掩護，試圖越境進入尼泊爾，轉道去美國，被印邊防人員抓獲。1988 年 9 月印警方又抓獲帕爾·辛格。審訊期間，曼恩被阿卡利黨提名為該黨候選人

參加 1989 年 11 月第十屆全國大選，帕爾也以個人身份在監獄報名競選，均當選為印度下議院議員。當選後，對他們的指控被迫撤銷。

# 第五節　朗格瓦爾協定與阿卡利黨分裂

　　拉·甘地上臺後，把解決棘手的旁遮普問題作為首要任務之一。他採用新策略，在 1985 年 1 月成立以內政部長、國防部長和教育部長組成的處理旁遮普事務三人內閣小組，去旁遮普調查和瞭解第一手情況，聽取阿卡利黨各派和錫克教宗教領袖的意見，並釋放了近千名被抓的錫克人，其中包括阿卡利黨溫和派領導人朗格瓦爾和廟管會主席托拉·辛格。在旁遮普還解除了報禁，取消新聞檢查制度，撤銷對全印錫克學生聯合會的禁令。1985 年 6 月，印又宣佈成立兩個調查委員會，分別調查 1984 年 11 月騷亂事件和警察在騷亂中濫抓無辜事，還決定給每個受害的錫克人家庭發放 2 萬盧比撫恤金。拉·甘地還宣佈，中央政府將對旁遮普邦實行經濟優惠政策，修築水壩，動工建立火車廂製造廠等。這一系列懷柔政策頗得人心，為解決旁遮普問題創造了良好的氣氛。為了更進一步拉攏溫和派，孤立極端派，拉·甘地甚至表示，政府並不要求阿卡利黨否定阿南德普爾決議作為談判先決條件，但要求他們必須和極端分子劃清界線。

　　阿卡利黨溫和派以朗格瓦爾為首，包括了以托拉·辛格

為主席的廟管會和前邦首席部長巴特爾·辛格為首的另一部分阿卡利黨人，占整個阿卡利黨的多數。這一派的支持者目睹旁遮普經過多年動亂，經濟發展受影響，教派仇殺不斷，給普通錫克人民帶來災難，深感脫離印度鬧獨立並不實際，迫切希望和平解決旁遮普問題。他們反對極端派的暴力和恐怖活動，主張在憲法內獲取更大自治權。旁遮普邦 26 個縣和邦委員會主席也表示支援朗格瓦爾，他們沒有接受朗提出辭去黨主席的請求，擁護他繼續領導該黨。邦內外廣大的錫克教信徒也支援他。該黨還專門通過決議，強調只有朗格瓦爾有資格代表他們同政府談判。

　　1985 年 7 月 24 日，拉·甘地同朗格瓦爾在經過數輪談判後，終於達成政治解決旁遮普問題的協定，共 11 條：⑴對自 1982 年 8 月 1 日以來的無辜被害者和財產損失者給予撫恤和賠償；⑵所有公民均有權當兵；⑶擴大對 1984 年 11 月騷亂事件的調查範圍，除德里外，增加坎普爾、波卡羅兩市；⑷安排好 1984 年 6 月，蘭星行動以後逃跑、譁變的錫克官兵；⑸制定全印錫克寺廟法；⑹撤銷武裝部隊特別權力法；⑺將昌迪加爾劃歸旁遮普，同時把旁遮普邦某些印地語地區劃給哈里亞納邦；⑻把阿卡利黨的阿南德普爾、沙希布決議中關於中央與邦關係的部分交由專門成立的卡里亞委員會審查；⑼把旁遮普邦、哈里亞納邦和拉賈斯坦邦河水爭端交特別法庭處理；⑽總理將把現有的保護少數民族利益的指令向各邦首席部長通報；⑾中央政府承諾採取措施推廣旁遮普語。

這便是有名的「朗格瓦爾協定」。拉·甘地在協定簽定後，以輕鬆的心情宣佈：「此協定結束了對抗的時代，開始了一個和睦、友好與合作的新紀元。它將促進印度的團結和統一。」但事實並非如此。

同屬溫和派的旁遮普邦前首席部長巴特爾和廟管會主席托拉·辛格均發表公開聲明，對朗格瓦爾協定持保留態度。阿卡利黨極端派和全錫克學生聯合會則聲稱該協定是投降協定，出賣了錫克民族的利益。朗格瓦爾本人在協定達成後不久，於1985年8月20日在一個群眾集會上遭極端派錫克青年襲擊身亡。印度政府為他舉行隆重的葬禮。阿卡利黨選巴納拉·辛格為黨主席。

巴納拉曾是朗格瓦爾的親密助手，在旁遮普享有較高聲譽。他領導阿卡利黨在1985年9月25日邦選舉中獲勝，組成了阿卡利黨邦政府，由巴納拉出任邦首席部長。人們原指望隨著阿卡利黨邦政府的組成，有助於治癒錫克人宗教感情上的創傷，有效地控制恐怖主義活動，逐步在邦內造成一個穩定的政治局面。巴納拉由於受各方牽制，地位脆弱，決策能力不強。首先是黨內矛盾重重。阿卡利黨上臺執政後，黨內爭權奪利鬥爭加劇。邦政府先由6人組成，巴納拉、巴特爾和托拉三足鼎立，各有一股勢力。托拉自恃是廟管會主席，不服從巴納拉領導。巴特爾倚仗議會黨團中的多數地位，擡高身價，拒不入閣。他既反對巴納拉任黨主席，又反對托拉任廟管會主席。巴納拉最初也反對托拉任廟管會主席，但當

他覺察到內閣中有人反對他時，遂改變態度，支援托拉。巴納拉在許多方面受這 2 人牽制。如修建薩特累季河與朱木拿河之間的運河工程，巴特爾和托拉公開支援農民聯合會要求運河改道的主張，使工程陷於停頓。

　　阿卡利黨極端派製造恐怖活動是巴納拉面臨的另一個重大難題。極端派以喬金德爾·辛格為首，自稱是統一的阿卡利黨，包括了達爾旺迪派阿卡利黨人以及全印錫克學生聯合會等組織。喬金德爾是在蘭星行動中喪生的賓特蘭瓦爾之父。極端派反對朗格瓦爾協定，抵制邦議會選舉，暗殺朗格瓦爾，刺傷錫克教長老，製造多起爆炸、暗殺事件。僅 1985 年 10 月和 11 月，旁遮普邦就發生 127 起暴亂事件，導致 33 人被殺，70 人受傷。1986 年 1 月 19 日，錫克學聯恐怖份子衝進大金廟，宣佈解散廟管會，解除 5 名教長職務，把宰爾·辛格總統逐出教門。

　　恐怖份子占領金廟 7 天才退走。4 月 29 日，一批恐怖份子再次占領金廟，宣佈成立卡利斯坦國，定都德里。邦政府出動 3,000 多警察衝入金廟，逮捕 300 餘人，事態才得到平息。8 月 10 日，曾參與指揮蘭星行動的已退休前陸軍參謀長維德雅又被錫克恐怖份子暗殺在家中。10 月 2 日發生錫克恐怖份子暗殺拉吉夫·甘地總理未遂事件。旁遮普邦恐怖活動愈演愈烈，邦內治安狀況日益惡化，比蘭星行動前的形勢有過之而無不及。而且恐怖份子有意槍殺印度教徒，製造教派對立，其結果是錫克教教派主義情緒進一步被煽動，加劇社

會動盪和不安，而印度教教派情緒受到刺激，挑起更嚴重的教派仇殺。1986 年 7 月 25 日，恐怖份子在旁遮普邦穆克則附近公路上攔截公共汽車，殺死車上 15 名印度教徒。這一恐怖事件震驚全印，第二天德里便爆發了「教訓錫克人」騷亂，印度教徒殺死 5 名錫克教教徒。旁遮普邦政府採取了一些行動，加強巡邏，檢查武器持有許可證，後來又組織了一支警察和軍事部隊組成的混合部隊專門對付恐怖份子，但收效不大。

正是由於旁遮普局勢動盪，邦政府地位脆弱，加上朗格瓦爾協定簽定以前未徵求哈里亞納邦的意見，該邦不同意領土交換原則，雖然拉·甘地迫使該邦作了一些讓步，甚至撤換了該邦首席部長，但他又不敢過分壓制該邦，擔心造成整個印地語地區離心傾向，失去選票庫。

因而，朗格瓦爾協定的一些關鍵條文難以付諸實施。1986 年 7 月，印政府宣佈，一年來該協定已經執行的有 7 條，4 條未能執行，即第(5)、(7)、(9)、(11)條。該協定的核心是第(7)條，即領土交換一事沒有得到解決，從而使協定的真正執行停留在一紙空文上。拉·甘地為了解決旁遮普對昌迪加爾市的要求，先後於 1985 年 8 月成立了馬修委員會、1986 年 4 月成立文卡特拉曼亞委員會和 1986 年 6 月成立德賽委員會。3 個委員會均發現，要找到符合條文要求的、可用來交換昌迪加爾的旁遮普邦領土是十分困難的。協定第(7)條中第 2 款規定了確定這些領土的 3 個條件，即地區相連、語言相似、以村

為單位。英·甘地在世時曾提出以法齊爾卡和阿卜哈爾兩個產棉區交換昌迪加爾的建議。馬修委員會經過幾個月的調查，發現有一個講旁遮普語的村子處在這兩個地區之內，從而使它不符合地區相連與語言相似的原則。繼任的文卡特拉曼亞委員會確定旁遮普邦應當用 7 萬英畝土地向哈里亞納邦交換昌迪加爾的原則，但它找來找去，只找到 4.5 萬英畝符合條件的土地。德賽委員會被任命後，未得到旁遮普邦政府的承認，根本就沒開展工作。昌迪加爾的移交不得不一再推遲，原訂 1986 年 1 月 26 日印國慶節期間移交，後延至 6 月 20 日，再推到 7 月 15 日，之後便遙遙無期。這不僅使朗格瓦爾協定趨於死亡，而且使中央和旁遮普邦、旁遮普邦和哈里亞納邦、哈里亞納邦和中央之間不斷產生新的摩擦和矛盾，使政府處境被動，威信下降，同時給恐怖份子和極端派提供了攻擊的口實，使邦內局勢更加複雜化。

　　朗格瓦爾協定第(9)條關於解決旁遮普邦與哈里亞納邦、拉賈斯坦邦之間分享拉伏比斯河水問題，中央於 1986 年 1 月成立專門的歐雷迪法庭，預計當年 7 月 31 日提出方案報告，也一再推遲。旁遮普邦政府後來又提出這兩條河是該邦的內河，哈里亞納邦和拉賈斯坦邦無權和它分享河水。

　　朗格瓦爾協定實際上中途擱淺，不了了之。

# 第六節　動盪在繼續

　　巴特爾和托拉在朗格瓦爾協定簽定之初,就持保留態度,由此埋下了阿卡利黨分裂的種子。1986年4月,恐怖份子占領大金廟並宣佈成立卡利斯坦國後,巴納拉政府使用武力平息事態,這成了阿卡利黨分裂的導火線。巴特爾和托拉指責巴納拉背叛錫克人民,褻瀆了神聖的金廟,是中央的走狗,宣佈與他徹底決裂,另組阿卡利黨(巴特爾派)。錫克教五人長老會也判定巴納拉違犯教規,必須到金廟為焚香客擦鞋一週,以示贖罪。

　　托拉控制的廟管會在1987年1月又撤換了持溫和政治態度的五人長老會。錫克教最高權力機構被托拉掌握。他摒棄過去朗格瓦爾溫和的政治立場,轉向極端派,從而使局勢更加混亂。大批恐怖份子潛入金廟,在廟內收藏武器彈藥,升卡利斯坦國旗。旁遮普邦恐怖主義活動越來越猖獗,該邦國大黨總書記和監獄總監先後被殺。金廟再度成為恐怖份子的大本營和庇護所。

　　1987年2月3日,以金廟主殿教長達爾山·辛格為首、掌握錫克教最高權力的五人長老會發佈命令,解散所有派別的阿卡利黨,各派主席務必在第三天下午5點以前辭職,然後組建一個統一的阿卡利黨。這完全是極端派與阿卡利黨(巴特爾派)密謀策劃和操縱的,旨在利用宗教的權勢,以統一

阿卡利黨為幌子，分化瓦解巴納拉派阿卡利黨，迫使巴納拉政府下臺，進而由他們奪取旁遮普邦政權，向卡利斯坦目標邁進。2 月 4 日，巴特爾和極端派喬金德爾分別向長老會辭職。巴納拉則決定先派代表會見達爾山，商談阿卡利黨的統一問題。這一建議遭到達爾山拒絕。巴納拉遂宣佈五人長老會的命令是單方面的，他拒絕接受。中央政府也發表聲明，譴責長老會的命令是以宗教干預政治，企圖破壞國家的民主制度和推翻邦合法政府，要求巴納拉政府堅決頂住壓力，並警告說中央決不容許分裂主義分子的陰謀得逞。2 月 5 日，長老會宣佈成立「統一阿卡利黨」，同時任命還在監獄中的曼恩為主席。長老會還任命了黨的主席團和工作委員會。主席團由 5 人組成，其中包括巴特爾和喬金德爾。工作委員會由 13 人組成，包括托拉等。該黨在黨綱中強調，要致力於保持錫克教的獨立性和錫克人的獨立地位，創造出一個能反映錫克民族願望和感情的地理、政治環境。長老會還宣佈巴納拉違犯教規，被永遠革出教門。巴納拉則採取堅決措施，抵制長老會的決定，頂住了極端派的壓力，渡過了難關。

　　1987 年 5 月 11 日，印總統鑒於旁遮普邦複雜的政治形勢和社會的動亂不穩，發佈命令解散邦政府，實行總統直接治理。之後，中央通過實施國家安全法條例和動亂地區法，集中中央警察後備部隊和保安部隊的力量，重點打擊恐怖份子。截至 1989 年 4 月止，警方共抓獲 7000 餘恐怖份子，打死 838 人。與此同時，恐怖份子濫殺無辜和警察的數目也逐

年增加。1987 年被殺的無辜群眾為 815 人，1988 年達 1,839 人。而 1987 年警察被殺 95 人，1988 年為 110 人。真正受害的仍是普通群眾。1987 年 10 月 18 日，印保安部隊進駐金廟，逮捕了錫克教長老會的 5 位長老，禁止持槍者進入廟內。1988 年 5 月 9 日，中央宣佈在阿姆利則實行無限期宵禁。5 月 15 日，保安部隊實施「黑色閃電行動」，再次攻佔金廟，近 200 名恐怖份子投降。中央政府致函廟管會，表示只有在得到不許恐怖份子、武器、酒類進入金廟的書面保證後，政府才能把金廟管理權移交給廟管會。印度總統也頒佈法令，禁止為了政治或其他目的而濫用宗教場所。廟管會向政府提交了書面保證。

1989 年 1 月，殺害英·甘地的兇手薩特旺提及同謀克哈爾被絞死後，恐怖份子復仇行動更加猖狂。他們除在旁遮普邦製造混亂外，還潛入首都德里、哈里亞納邦、喜馬偕爾邦等鄰近邦區，製造多起爆炸事件。這些恐怖活動都是由一些有組織的力量進行的，其中活動最頻繁的有卡利斯坦突擊隊、卡利斯坦賓特蘭瓦爾猛虎軍、卡利斯坦解放組織等。他們的攻擊目標往往是那些有影響的政治人物、反恐怖主義人士、印度教極端主義份子和錫克教的叛逆者。1989 年 6 月 25 日，錫克恐怖份子突襲正在操練的印度教教派組織「國民自願服務團」成員，打死 26 人，打傷 21 人。近年來他們攻擊的對象也擴大到外國人。1991 年 10 月 9 日，羅馬尼亞駐印度臨時代辦被卡利斯坦解放組織綁架，起因是該組織的兩名成員

在羅馬尼亞襲擊印度駐羅馬尼亞大使時，被羅馬尼亞警方打死。恐怖份子等在羅馬尼亞臨時代辦早上上班必經之地，用汽車前後夾擊，迫使羅馬尼亞代辦停車，又用槍逼著他進入恐怖份子車內，蒙住眼睛，送到德里一個秘密藏匿處。印度警方展開全城搜捕未能發現。這期間恐怖份子還向報社送交照片，表示羅馬尼亞代辦仍健在，要求政府釋放被捕的幾名恐怖份子。更令人驚奇的是，在藏匿德里兩週之後，恐怖份子用車將羅馬尼亞代辦轉移到了旁遮普邦，而處於高度戒備狀態下的德里警方竟未發覺。直到 11 月 26 日，恐怖份子才把被綁架了數月的羅馬尼亞代辦送上開往德里的火車，釋放了他。

1989 年 3 月 3 日，拉·甘地總理再次宣佈解決旁遮普問題的計劃，包括釋放在押犯、撤銷針對旁遮普地區的國家安全法條例和動亂地區法、允許外國人訪問旁遮普、以及在年底舉行農村評議會選舉等。這些措施有利於緩和邦內緊張局勢，為結束總統治理、恢復正常秩序創造了氣氛。但拉·甘地還未及實施這些措施，就在 1989 年 11 月大選中下臺。人民黨維·普·辛格政府上臺。曼恩作為阿卡利黨主席當選國會議員，到德里參加議員宣誓儀式時，先是要求維·普·辛格政府對蘭星行動公開道歉，後又堅持帶佩劍宣誓，遭到包括帕爾在內很多錫克上層人士反對。中央召開有關旁遮普問題的各黨會議時，曼恩又予以抵制。由於他經常自行其是，不服從大局，1990 年 8 月阿卡利黨宣佈撤銷他的黨主席職

務，並將他開除出黨。同年 10 月，他又辭去國會議員席位，抗議政府的旁遮普政策。現在他同少數追隨者成立了阿卡利黨（曼恩派），影響不大。

　　1991 年 6 月，國大黨在大選中獲勝，拉奧出任總理。他多次表示願同恐怖份子談判，尋求政治解決旁遮普問題的方法，但卡利斯坦是非法的，絕無談判餘地。1992 年 2 月 19 日，拉奧政府在旁遮普邦組織邦議會選舉，阿卡利黨各主要派別均予以抵制，國大黨獲勝，組成了以炳特·辛格為首的國大黨邦政府，從而結束了該邦長達 5 年之久的總統治理。阿卡利黨各派和學生組織均表示不承認選舉結果，拒絕與政府對話。但該邦局勢較過去明顯好轉。恐怖份子的活動有所收斂，但仍時有發生。1993 年 9 月 11 日，恐怖份子在德里全印青年國大黨總部門前，使用安裝在汽車上的遙控炸彈，炸死無辜群眾和安全人員 8 人，炸傷 20 餘人。這次襲擊的目標是青年國大黨主席比塔·辛格，報復他進行的反恐怖活動和一些措詞激烈的講話。他本人只受輕傷，死裡逃生。

　　旁遮普問題，亦即錫克人問題，對印度任何一屆政府都是棘手難題。解決起來不易，不致力於解決又不行。邦內局勢時好時壞，徹底解決仍是遙遙無期。

# 第七章

# 錫克教的聖地、風俗與節日

錫克人熱情豪爽，非常虔誠，
宗教感情強烈。教徒從出生到
死亡都要舉行一定的宗教儀
式，具體說來，有出生後的命
名儀式，成年時的獻身儀式，
結婚時的婚禮儀式，死後的殯
葬儀式。

# 第一節　錫克教的寺廟和聖地

　　錫克教寺廟遍佈各地，凡有錫克教徒的地方就有寺廟。寺廟大都座落在綠蔭環抱的村鎮或市區，裝飾華麗，莊嚴巍峨，多為圓頂的白色建築物。其顯著標誌是飄揚著錫克教的黃旗。

　　錫克教寺廟一般分為兩類：一類是各地教團建立的寺廟，為教徒從事宗教活動的場所；一類是歷史悠久的著名聖廟，建在錫克教的著名古蹟或歷史遺址上，如祖師的誕生地或殉難處等。

　　寺廟在錫克教的生活中占有重要地位。傳統的教徒每天都要去寺廟敬香禮拜。在人類進入 21 世紀的當代社會，由於生活節奏加快，工作繁忙，大多數教徒不能天天去寺廟，但節假日則必去不可。在去寺廟之前須先沐浴，使身心清爽潔淨。到了廟前先向廟頂的黃旗行禮。然後脫下鞋子，拾級而上，到門前俯身以手觸地，再把沾上塵土的手貼在額上，以示對祖師的尊敬。

　　錫克教徒作禮拜時都要纏上頭巾，如果女教徒在路上未蒙頭巾，進廟前必須用披巾蓋頭。教徒進廟後，首先要在供奉著聖典《阿底格蘭特》的聖壇前施禮，供奉財物。然後男女信徒分開席地而坐，吟誦聖典。誦讀完後，便在樂器的伴

奏下唱起晨禱歌或晚禱歌。樂器主要有鼓、口琴等。音樂在儀式中是必不可少的。唱完歌後，儀式便告結束。

錫克教的聖地主要集中在旁遮普，還有一些分佈在哈里亞納邦、中央邦、德里、北方邦、比哈爾邦、查謨·克什米爾邦、阿薩姆邦等地。

# 一、金廟

阿姆利則的金廟（因寺頂和門鎦金而得名，也稱哈曼迪爾寺，Harmandir Sahib）是錫克教最著名的聖地，也是錫克教的總部和宗教、政治中心，每天都有川流不息的人群前來瞻仰、朝拜。

金廟是由第五代祖師阿爾瓊·戴夫修建的。據說莫臥兒皇帝阿克巴很開明，主張各教派和平共處。他與錫克教第三代祖師阿瑪爾交情很好，賜給他一大片土地。這片土地曾留下納那克祖師的足跡，他曾在森林中的池塘邊打坐冥思。阿瑪爾把修建寺廟的任務交給他的繼承人——第四代祖師拉姆·達斯。拉姆·達斯派人擴挖池塘，還未來得及建廟就與世長辭。第五代祖師阿爾瓊·戴夫於 1589 年破土動工，修建金廟，1601 年落成。1761 年，這座寺廟被阿富汗入侵者阿達利破壞。他撤走後，錫克人又重修了寺廟。1802 年，蘭季特·辛格國王派人把廟頂鎦金。從此該寺便被稱為「金廟」。

金廟是一座宏偉壯觀、富麗堂皇的建築物，分上下兩層。

下層是寬闊的主殿，上層有迴廊，可俯瞰大殿。屋頂中央是鍍金的分瓣圓屋頂，四周是 4 個精巧的鍍金圓頂亭臺。鍍金的銅葉片高聳於由許多小圓頂構成的女兒牆上。金廟有 4 個大門，象徵著不分種姓、膚色和信仰，為一切人敞開。牆上有寶石鑲嵌的精美花卉圖案，天花板由凹凸玻璃覆蓋。

著名的珍寶館中藏有許多稀世珍品，每年向遊人開放一次。其中有海德拉巴德 (Hyderabad) 王公贈給蘭季特・辛格國王的一件綴有珠寶的華蓋，有一柄檀香木的扇形蠅撣。此物是一個穆斯林用了 5 年 7 個月的時間，用 145,000 根檀香絲織成的。他完工後把它捐給了金廟。最精美絕倫的珍品是一隻用藍寶石雕成，鑲有五彩寶石的孔雀。蘭季特・辛格國王的珍珠頂鍊也珍藏在這裡。

金廟的四周有碧波蕩漾的池水環繞，該池被稱為「不朽之池」，池水被視為聖水，據說可治癒痲瘋病。每年都有不少病人跋山涉水，萬里迢迢來到這裡，希望「不朽之池」的聖水能夠滌蕩身體的汙穢，治癒疾病。

金廟占地面積很大，裡面有 30 英畝的花園果林，附近有象徵著錫克教最高權威的阿卡爾寶座 (Akal Takat)，還有為紀念哈爾戈賓德祖師 9 歲時夭折的兒子修建的巴巴・阿塔爾塔 (Baba Atal)。塔有 9 層，象徵著他在人世生活了 9 個年頭。塔身繪有精美的壁畫。

1984 年 6 月，英・甘地派軍隊攻占金廟清剿恐怖份子，金廟遭到嚴重破壞，大批珍貴文物付之一炬。如今，修復後

的金廟仍是錫克教的宗教和政治中心，同時也是印度政府關注的焦點，仍有一些恐怖份子隱藏其中。

# 二、拉姆沙寺

拉姆沙寺 (Ramsar) 座落在金廟的西北、拉姆沙湖的岸邊。該寺是第五代祖師阿爾瓊·戴夫與其隨從拜·古爾達斯 (Bhai Gurdas) 編纂聖典《阿底格蘭特》的地方。他們在此隱居一年有餘，潛心工作，收錄了前四代祖師的讚歌，加上他自己譜的樂曲，並收錄了印度教和伊斯蘭教聖人的一些作品。1604 年，編纂工作完成後，阿爾瓊·戴夫祖師舉行盛大的儀式，將《阿底格蘭特》供奉在金廟中。

戈賓德·辛格祖師號召信徒把聖典《阿底格蘭特》作為祖師的化身。拉姆沙寺也因此受到教徒的崇奉。

# 三、瓦達利寺

瓦達利寺 (Wadali) 是為紀念第六代祖師哈爾戈賓德而修建的。1595 年 6 月 4 日，哈爾戈賓德祖師誕生於阿姆利則附近的瓦達利村。此地因此而成為聖地，每年都有成千上萬的教徒來此朝聖。

# 四、阿南德普爾‧沙哈布

阿南德普爾‧沙哈布 (Anardpur Sahib) 意為「幸福之城」，是錫克教的五大聖地之一。該城有許多錫克教的遺跡和寺廟。1699 年，戈賓德‧辛格祖師在此地宣佈公社（Khalsa，卡爾沙）的成立，並為 5 名長老舉行了劍禮。公社內部實行嚴格的民主制度。這裡還有戈賓德‧辛格祖師的兒子的出生地，以及九世祖師泰格‧巴哈杜爾的頭顱火葬之地。1675 年，九世祖師在德里紅堡對面的月光廣場殉難後，其頭顱被心腹拜‧傑特冒著生命危險搶回，送到這裡火葬。

每年的灑紅節過後，阿南德普爾城都要舉行盛大的慶祝活動，歡慶公社成立。20 多萬朝聖的香客從印度和世界各地趕到這裡歡度節日。

# 五、阿考爾寺

阿考爾寺 (Achal Sahib) 座落在巴塔拉。在莫臥兒統治時期，這裡曾是重要的瑜伽中心。納那克祖師和眾徒來此地後，受到人們的愛戴和尊敬，因而引起瑜伽修行者的嫉妒和憤怒。瑜伽師班格爾‧那特與納那克展開了激烈的辯論。納那克斥責他是個偽君子，雖表面上放棄世俗生活，可仍要到世俗人們的家中乞食，因而並不比他們優越高尚。班格爾‧那特惱

羞成怒，便施展黑巫術想加害納那克。然而，他的巫術在納
那克面前失去了魔力。他自知遇上了高手。納那克祖師告訴
他，與神的佑護相比，巫術把戲微不足道。後人為紀念納那
克祖師，在辯論的地點建起阿考爾寺。

# 六、巴巴‧巴卡拉寺

　　巴巴‧巴卡拉寺 (Baba Bakala) 位於阿姆利則地區。1664
年 3 月 30 日，哈爾克里森祖師在德里臨終前微弱地說出「巴
巴‧巴卡拉」這幾個單詞。這意味著他的繼承人應該在阿姆
利則附近的巴卡拉村尋找。當時村裡住著泰格‧巴哈杜爾祖
師，但許多騙子都自稱自己是真正的祖師，弄得眾人真假難
辨。最後，還是一個名叫莫罕‧夏赫‧盧巴那的商人發現了
真正的祖師。據說他滿載貨物的船在海上遇上了風暴，他在
絕望中跪在甲板上向天神和祖師納那克祈禱，並發願說，如
果能得救，他將捐給祖師 500 個金幣。

　　他的船安全抵岸，為了報答神和祖師的佑護，他第一件
事就是還願。但當他來到巴巴‧巴卡拉村時，看到許多自稱
為祖師的騙子，因而決定給每個自稱為祖師的人 2 個金幣，
而真正的祖師會要求他給 500 金幣。莫罕‧夏赫‧盧巴那自
信這樣可以分辯出真假祖師。因為真正的祖師有神通和洞察
力。果然不出所料，當他給每個騙子 2 個金幣時，他們都接
受了。但當他在祖師泰格‧巴哈杜爾面前放上 2 個金幣時，

祖師說道：「天神保佑你，我的孩子。你發誓給 500，為何只捐 2 個金幣？祖師從不需要任何東西，但錫克教徒應遵守他對祖師的諾言。」於是盧巴那確認泰格‧巴哈杜爾就是真正的祖師，便爬上房頂向眾人宣佈他的發現。巴卡拉也因此而成為著名聖地，修建了寺廟，供香客朝拜。寺廟內有許多精美的描繪錫克教歷史的繪畫。

# 七、牆寺

牆寺 (Kandh Sahib) 是為紀念祖師納那克而修建的，位於巴塔拉城內。傳說納那克祖師反對當時流行的繁瑣的婚禮儀式，當他去迎娶自己的新娘時，提議舉行簡單的婚禮儀式，但他未來的岳父和一些婆羅門不同意，威脅要撕毀婚約。雙方展開爭論。納那克被安排在一個靠牆的位子上，這座牆年久失修，已朽壞，婆羅門的陰謀是想讓人把牆推倒，砸死納那克。然而，一個年長的女士微笑著對納那克說：「這牆幾百年後都不會倒塌，神的意志必勝。」果然，這座牆幾世紀後依然挺立，現已加玻璃保護。每年納那克的婚禮日，牆寺都要舉行盛大的慶祝活動。

# 八、迪拉‧巴巴‧納那克

在古達濕普爾 (Gurdaspur) 地區的迪拉‧巴巴‧納那克

鎮 (Dera Baba Nanak)，納那克祖師度過了他生命中的最後歲月。該鎮座落在拉威 (Ravi) 河的左岸，在印巴邊界上。納那克經常在河邊打坐沈思，並在河的右岸建起卡塔普爾 (Kartarpur) 寺。70 歲時他在該寺與世長辭。現在這一著名寺廟屬巴基斯坦，但從迪拉·巴巴·納那克鎮可望見該寺。鎮中還有一座寺廟，保存有納那克祖師去麥加朝聖時穿過的斗篷和蘭季特·辛格國王捐贈的鍍金寶座。

# 九、保利寺

阿姆利則城東南約 30 公里處有一小鎮，名為戈因德瓦爾 (Goindwal)，該地有兩處歷史遺跡。一處是有下行臺階的保利井，是阿瑪爾祖師率眾人挖成的。該井有 84 個臺階。阿瑪爾宣佈，任何人只要在每一臺階上默念一次「加普濟」(Japji)，就能擺脫 840 萬劫的生死輪迴。因此，保利井成為聖地，吸引了眾多的錫克教徒和印度教徒。井的入口處裝飾華麗，繪有壁畫。井水被認為是最神聖的，因而朝聖者都要汲水洗浴。在保利井附近建起了一座寺廟——保利寺 (Baoli Sahib)。另一處遺跡是阿瑪爾·達斯祖師的公社食堂，遊客均可免費就餐。據載，阿克巴大帝來此地會見阿瑪爾·達斯祖師時，曾在此進餐。

# 十、貝爾寺

納那克祖師在蘇坦普爾·羅迪（位於旁遮普的卡普爾塔拉地區）度過 14 個春秋。他由姐夫推薦在當地擔任一名稅吏。在此期間，他每天清晨都要去貝茵河沐浴沈思，還在岸邊栽下一棵貝爾（棗）樹。一天，他正在河中沐浴，突然看到一道奇異的光，他追逐這道奇光而去。

人們以為他淹死了，但三天之後他又奇蹟般地從河裡上來，一直不停地說著：「我們既不是印度教徒，也不是穆斯林，我們是人。」人們驚奇地圍著他。一個穆斯林聖人說，如果納那克認為印度教徒和穆斯林沒有區別，就請他到清真寺作禱告。納那克隨穆斯林來到清真寺。別人都在禱告，納那克卻只是觀看，一言不發。請他來的那個穆斯林問他為何不祈禱，納那克說，連阿訇（伊斯蘭教的經師）自己都正擔心新生的小馬駒，怕他掉在井裡，他向誰祈禱？眾人都很吃驚，知道他能洞察別人的內心活動，把他視為神人。

後人為了紀念他，在他種棗樹的地方建起了貝爾寺 (Ber Sahib)。據說棗樹仍然在，現在的建築是 1942 年重建的，以大理石和馬賽克為材料。

# 十一、塔爾萬迪·沙保

　　塔爾萬迪·沙保 (Talwandi Sabo) 座落在巴提達地區，是錫克教的第五大寶座所在地。

　　戈賓德·辛格祖師 1706 年 1 月 20 日來到此地，屯兵村外。當地首領對他格外敬重，拒絕執行穆斯林王公發佈的逮捕戈賓德祖師的命令。戈賓德祖師在此地待了 9 個月，在此期間，這裡成為錫克公社的大本營。

# 十二、塔蘭·塔蘭

　　塔蘭·塔蘭寺 (Tarn Taran) 座落在阿姆利則城的東南，距阿姆利則 22 公里。該寺是阿爾瓊祖師為紀念拉姆·達斯祖師修建的。寺廟以莫臥兒建築風格建成，圓頂鍍了金。寺廟建在一個池塘邊上，池水清澈甘甜，據說有治病的功效，尤其對痲瘋病有特效，因此不少患者不遠萬里來此求治。

# 十三、潘焦克拉寺

　　潘焦克拉寺 (Panjokhra Sahib) 在哈里亞納邦的阿姆巴拉——那拉因加爾公路旁，是為紀念第八世祖師哈爾克里森修建的。哈爾克里森祖師去德里的途中路過此地。當他走到潘

焦克拉村時，一個教徒請他在村裡住幾天為村民傳教，祖師同意了。村裡有一個學問淵博的婆羅門名叫拉爾·錢德，自恃出身高貴、學富五車，見到祖師後發問：「聽說你繼承了祖師的職位，你都讀過哪些古代宗教文獻?」。

正巧此時有一個目不識丁的低種姓村民恰朱·拉姆路過，祖師把他叫過來，問他是否能為婆羅門學者解釋《薄伽梵歌》的要義，同時把他的手杖放在恰朱·拉姆的頭頂。出乎眾人意料，恰朱·拉姆居然對《薄伽梵歌》作了令人信服的闡釋和評論。拉爾·錢德知道是祖師的神力使然，跪倒在祖師的腳下，成為祖師的弟子。

潘焦克拉村還有許多遺跡，祖師納那克、阿瑪爾、哈爾戈賓德、泰格·巴哈杜爾和戈賓德·辛格均來過此地。

# 十四、拉克布甘支寺

1675 年 11 月 11 日，在德里紅堡對面的月光廣場，在奧朗則布皇帝的命令下，九世祖師泰格·巴哈杜爾被砍下首級。錫克教徒仰天痛哭，那時天空烏雲密布，狂風大作，飛沙走石。一個虔誠的教徒趁機搶下祖師的首級逃往旁遮普，另外2 位教徒冒著風沙把祖師的屍體放在馬車上運回家。為了不引人懷疑，他們把祖師的屍體放在床上，連房子一起焚燒掉，並把骨灰裝進甕內埋葬。警察到處搜查祖師的屍體，結果一無所獲。

1783 年，桑達·巴格爾·辛格 (Sardar Bhagel Singh) 率錫克軍隊攻占德里後，在祖師屍體焚化處建起拉克布甘支寺。當時這個地方已建起一座清真寺，錫克教徒要拆掉它，建自己的寺廟。穆斯林不答應，雙方劍拔弩張。最後錫克教徒保證，如果在清真寺地下找不到裝有祖師骨灰的甕，就幫穆斯林重建清真寺，穆斯林同意了。結果在清真寺下面找到了骨灰甕，錫克教徒建起了拉克布甘支寺 (Rakabganj)。如今，這座寺廟座落在新德里的議會大廈對面。

# 十五、瑪塔·桑達麗寺

瑪塔·桑達麗寺 (Mata Sundari) 座落在新德里，是為紀念十世祖師的妻子修建的。

根據歷史記載，戈賓德·辛格祖師到德干高原後，不幸染病。他在臨終前，派人把 2 個妻子瑪塔·桑達麗和瑪塔·沙哈布·考爾送回德里。由於他曾幫助巴哈杜爾·夏赫 (Bahadur Shah) 皇帝奪得王位，他的妻子受到皇帝的特殊禮遇。她們住在專門為她們修建的寺內（在胡馬雍基附近）。

戈賓德·辛格祖師在南迪德 (Nanded, 現馬哈拉施特拉邦境內) 逝世後，錫克公社成員奉瑪塔·桑達麗為領袖。她曾委派拜·瑪尼·辛格 (Bhai Mani Sigh) 到阿姆利則任金廟長老。1747 年她在德里逝世，兩年後，沙哈布·考爾也逝世。後人為紀念她們，修建了瑪塔·桑達麗寺。

# 十六、巴拉寺

巴拉寺 (Bala Sahib) 是為紀念第八世祖師哈爾克里森修建的。

1661 年，年幼的哈爾克里森被父親，即七世祖師哈爾・萊指定為繼承人。他的長兄拉姆・萊不滿意父親的決定，向莫臥兒皇帝進讒言，想奪取祖師之位。奧朗則布皇帝宣哈爾克里森到德里。哈爾克里森不願意來，後來在阿姆巴爾（現齋普爾）王公傑・辛格的勸說下來到德里。傑・辛格在莫臥兒宮廷很有影響，他勸奧朗則布皇帝尊重錫克人的選擇，不要干涉錫克教的事情。他還把自己在德里的一處宅院讓給哈爾克里森居住。

哈爾克里森客居德里期間，正值天花和霍亂流行。他傾全力救助病人，送醫送藥上門，治癒了不少霍亂病人。他的善行贏得了德里的人們愛戴，連穆斯林也把他視為救苦救難的救星。然而，由於經常接觸病人，他自己不幸染上天花，於 1664 年 3 月 30 日病逝。他的遺體在德里郊外的閻木拿 (Yamuna) 河岸邊焚化。在遺體火化處，人們建起了巴拉寺。後來，戈賓德・辛格祖師的兩個妻子的遺體亦在此焚化，並建立了陵墓。現在由於閻木拿河改道，巴拉寺已不在河岸邊，而在環城公路邊上。

# 十七、莫蒂·巴格寺

　　莫蒂·巴格寺 (Moti Bagh) 是為紀念十世祖師戈賓德·辛格修建的。他初來德里時曾屯兵於此地。當時是應莫紮姆 (Muazzam) 王子之邀，率兵來與他爭奪王位的。

　　莫紮姆王子是奧朗則布皇帝的長子。奧朗則布聽信旁遮普穆斯林王公的誣告，派莫紮姆王子到旁遮普鎮壓戈賓德·辛格祖師。莫紮姆王子經過調查，報告父親說戈賓德·辛格祖師是個聖人，沒有任何反對莫臥兒王朝的言行。由於違抗父命，他被父親關進監牢。奧朗則布又派 4 個將軍去調查，結果情況和王子的報告一樣。

　　1704 年，奧朗則布派兵圍剿錫克軍隊。戈賓德·辛格祖師被圍困在阿南德普爾城，經過激烈的鏖戰，終因寡不敵眾，被迫撤出，錫克軍隊傷亡慘重。

　　1707 年，奧朗則布突然病逝，王子之間爆發了爭奪王位的內戰。莫紮姆王子求助於戈賓德·辛格祖師，祖師念及他以前對錫克教的友善態度，發兵德里幫助他。據說戈賓德·辛格祖師箭術高超，抵達德里時拔箭向莫紮姆的王宮連射兩箭，通知他的到來。現在，祖師射箭之地矗立著莫蒂·巴格寺，該寺旁邊又建一座新寺，每天都有許多錫克教徒來此瞻仰。

# 十八、達姆達瑪寺

　　達姆達瑪寺 (Damclama Sahib) 座落在閻木拿河岸邊，離胡馬雍墓很近。據史料記載，莫紮姆王子和戈賓德·辛格祖師曾在此地密談，商討奪取王位的戰略大計。他們計劃先占領阿格拉 (Agra)。當時對手阿紮姆王子已占領瓜寧爾 (Gwalior)，雙方軍隊在加加烏 (Jajau) 交戰。戈賓德祖師先派大將率兵參戰，後來自己親自上陣。鏖戰持續了數日，阿紮姆王子及兒子均戰死在沙場，莫紮姆王子登上王位，成為巴哈杜爾·夏赫皇帝。為了表達謝意，他贈給祖師許多珍貴禮物，據說贈給祖師妻子的珠寶價值 50 多萬盧比。

　　1783 年，桑達·巴格爾·辛格攻占德里時，在祖師和王子會談的遺址上建起達姆達瑪寺。後來，蘭季特·辛格國王又命人重修。現在的寺廟是 1984 年重新修建的，每年的公社誕辰節都有上萬名教徒來此寺舉行慶祝活動。

# 十九、納那克·皮奧寺

　　納那克·皮奧寺 (Nanak Piao) 位於新德里，是為紀念納那克祖師而修建的。1505 年 6 月，納那克祖師來到德里，住在郊外一個花園裡宣講教義。信徒們從四面八方趕來聆聽，並捐獻財物給祖師，祖師把禮物分送給窮人。這個花園成為

教徒心中的聖地。據說納那克曾使一頭大象起死回生，當時的皇西坎德・夏赫・羅迪 (Sikander Shah Lodhi) 聽說後，把宮中一頭死去的大象送到納那克那裡，命他把大象救活，被納那克拒絕。皇帝把納那克囚禁起來。在納那克被囚期間，德里發生了一場大地震，許多人都認為這是納那克對皇帝的懲罰。在蘇菲派聖人的勸說下，皇帝釋放了納那克。

後人在納那克居住的花園修建了納那克・皮奧寺。寺廟前面是一片碧波蕩漾的湖水，四周是鬱鬱蔥蔥的樹林，景色宜人。

# 二十、西什・甘支寺

西什・甘支寺 (Sis Ganj) 矗立在第九世祖師泰格・巴哈杜爾的殉難處。

九世祖師為了爭取信仰自由，與莫臥兒軍隊展開了殊死的鬥爭。1675 年他被押解到德里，奧朗則布皇帝下令處死他。在紅堡對面的月光廣場，他被斬下首級，他的 2 個大弟子也被拷打致死。在他的殉難處，後人建起了西什・甘支寺，緬懷他大無畏的英雄氣概和獻身精神。

# 二十一、班達・巴哈杜爾寺

班達・巴哈杜爾寺 (Banda Bahadur) 座落在德里郊外，離

印度著名的名勝高塔 (Qutab Minar) 不遠。班達‧巴哈杜爾是戈賓德‧辛格祖師之後的錫克領袖。戈賓德‧辛格祖師在馬哈拉施特拉邦的南迪德病逝後，他的弟子班達‧巴哈杜爾率兵趕回旁遮普，與莫臥兒駐紮軍隊展開激烈的戰鬥，沈重地打擊了莫臥兒軍隊，動搖了莫臥兒在旁遮普的統治。他首次建立了獨立的錫克教國家，並發行自己的貨幣和印章。但很快被鎮壓下去。1716 年，他戰敗後被押送到德里，他的 1,000 多名隨從也被押到德里，在老德里火車站對面的甘地廣場上被砍下首級，班達‧巴哈杜爾被遊街示眾。在改信伊斯蘭教和死亡面前，他選擇了死。劊子手命令他殺死自己 14 歲的兒子，被他拒絕。慘無人道的劊子手把 14 歲的幼童殺死，挖出心肝，塞進班達‧巴哈杜爾的嘴裡。在德里郊外，劊子手使用種種酷刑，把班達‧巴哈杜爾活活折磨死。他們把他綁在一根柱子上，用刀挖去他的眼睛，砍斷他的左腿，用燒紅的鐵鉗刺入他的身體，最後把他砍成碎塊。

人們為了紀念他，在他的殉難處建起了班達‧巴哈杜爾寺。

# 二十二、納那克寺

納那克寺 (Nanakwara) 座落在哈德瓦 (Hardwar)。哈德瓦是著名的印度教聖地，許多印度教徒來到這裡，跳進恆河沐浴，以洗去罪惡，潔淨身心。納那克祖師曾來過這裡，他跳

進恆河用左手往西邊潑水，而其他的朝聖者則往東邊潑水。當別人問他為什麼時，他答道他想把水潑到故鄉旁遮普乾涸的土地上。眾人哈哈大笑，問他河水怎麼能潑到 460 公里以外的莊稼。納那克反問：如果水潑不到旁遮普的土地上，那又怎能潑到太陽那裡？

眾人驚愕，細細一想，體會到納那克祖師的寓意。

後人在此建了納那克寺，以紀念他。在哈德瓦還有一座阿瑪爾·達斯寺。據說阿瑪爾·達斯祖師來哈德瓦 20 多次。

# 二十三、班迪喬爾寺

位於戈因德瓦爾的班迪喬爾寺 (Bandichhor) 是為紀念第六世祖師哈爾戈賓德修建的。哈爾戈賓德祖師的尚武政策引起了穆斯林官員的恐慌。他們上奏賈汗吉皇帝，賈汗吉宣召哈爾戈賓德祖師到德里，命他交出 20 萬盧比的罰金。祖師拒絕交罰金，被押到戈因德瓦爾城堡囚禁起來，在度過 2 個多月的鐵窗生活後被釋放。後人在戈因德瓦爾城堡建起班迪喬爾寺以紀念哈爾戈賓德。

# 二十四、哈朱爾寺

1708 年 10 月 7 日，戈賓德·辛格祖師在馬哈拉施特拉邦的南迪德逝世。他臨終前囑咐眾人要信奉《阿底格蘭特》，

把它作為祖師的化身。1832-1837 年，在蘭季特‧辛格國王的指示下，錫克人在祖師辭世之地建起了哈朱爾寺 (Hazur Sahib)。該寺建築風格與阿姆利則的金廟相似。寺內陳列著祖師的遺物，有一把金劍，一支火繩槍，一套弓箭，一把鑲有寶石和黃金的匕首。

# 二十五、巴哈寺

納那克祖師漫遊五印時，曾在阿薩姆的丹普爾 (Dhanpur) 停留。當地人崇拜女神卡瑪克西 (Kamakshi)，盛行黑巫術。統治者是女王努爾‧夏赫 (Nur Shah)，她本人也是一個黑巫師。納那克勸女王放棄黑巫術，追隨唯一的神。女王和她的屬下均成為納那克的弟子。當納那克要離開此地時，女王請求他留下一件東西作為紀念，納那克便把伴隨他穿越叢林的長矛贈給女王，並用長矛在地上劃了一個標記。女王命人在此處挖了一個池塘，附近建起了巴哈寺 (Barchha Sahib)。

# 二十六、達姆達瑪寺

阿薩姆的杜布里 (Dhubri) 鎮有一座達姆達瑪寺 (Damdama Sahib)，是為紀念納那克祖師修建的。納那克祖師曾來此地傳教，泰格‧巴哈杜爾祖師也在此居住過。

1669年，奧朗則布皇帝派拉姆‧辛格去阿薩姆平定叛亂。

拉姆・格王公請特格・巴哈杜爾祖師同去。祖師正打算去阿薩姆傳教，便接受邀請，隨軍隊來到卡姆盧普（阿薩姆），駐紮在杜布里河邊。阿薩姆人對莫臥兒軍隊的到來並不懼怕，他們自信巫師的超自然力量可以擊退來兵。

　　一群女巫師在泰格・巴哈杜爾祖師住的河對岸安營，開始施展密教魔法。念誦毀滅密咒，但卻傷害不了祖師。她們又用魔力把一塊 26 英尺長的大石頭投向祖師的營地，石頭呼嘯著落在祖師的帳篷附近，把地砸出一個深坑。她們又投過來一棵大樹，也未傷著任何人。祖師拔箭射中巫師的祭壇，巫師的一切魔法全部失靈。巫師們意識到祖師不是凡人，便跪下求他原諒，並說她們只是為了抗擊那些來奴役她們的異族人。祖師決意促成雙方的和平談判，在他的斡旋下，拉姆・辛格將軍和阿薩姆王達成和平協定。阿薩姆王邀請祖師作客，隆重款待。雙方軍隊的士兵都慶賀祖師的佑護，從各自的陣營運來紅土，在杜布里河邊堆成一座土丘。而今，標誌著祖師功績的土丘和那塊大石頭依然存在，朝聖者從四面八方前來瞻仰。

# 二十七、哈曼迪爾寺

　　哈曼迪爾寺 (Harmandir Sahib) 座落在比哈爾邦的首府帕特那 (Patna)。帕特那是一個歷史名城，佛陀、納那克祖師都曾遊歷此地，戈賓德・辛格祖師在這裡誕生。哈曼迪爾寺

就是為紀念他而修建的。該寺位於老城區，是錫克教的五大寶座之一。

　　哈曼迪爾寺原是一座富麗堂皇的私家宅院，其主人是納那克祖師的信徒，他把這座宅院捐給納那克作為傳教之所。泰格·巴哈杜爾祖師來帕特那時曾在這裡住過。1666 年 12 月 22 日，他遠在阿薩姆，其妻在這裡生下了兒子，即十世祖師戈賓德·辛格。後來，整座建築毀於一場大火，蘭季特·辛格國王於 1839 年派人重建。1934 年，比哈爾發生地震，哈曼迪爾寺被震壞，現在的寺廟是 1954 年重新修建的。

　　戈賓德祖師的一些遺物陳列於此，有他在嬰兒時期睡過的四腳包金的搖籃，有 4 支鐵箭，一支短劍和他穿過的一雙涼鞋。

　　在巴基斯坦也有不少錫克教聖地，其中最著名的是納卡那寺 (Nankana Sahib)，這裡是納那克的誕生地。有紀念他誕生而建的伽那姆·阿什坦 (Janam Asthan) 寺，有納那克度過童年的保爾·利拉 (Bal lila) 寺，還有他時常在附近放牛的瑪爾濟 (Malji) 寺。據說他有一次在樹下睡著了，一隻眼鏡蛇為他遮住臉部的陽光，避免曝曬。

　　離拉瓦爾品第不遠，有一座潘伽寺 (Panja Sahib)，也是為紀念納那克祖師修建的。據說納那克和同伴瑪達納來過此地。當時山丘上住著一個穆斯林聖人，村裡唯一的一條泉水從他茅屋旁流過。瑪達納非常口渴，就不停地取泉水喝，後來穆斯林聖人不讓他喝。納那克施展神力使泉水水位下降。穆斯

林聖人拾起一塊大石頭擲向納那克，被納那克用手掌接住，手掌印印在了石頭上。因而此處建起的寺叫手掌寺 (Panja Sahib)。寺前有一個泉水匯成的大湖，清澈見底。

在孟加拉，也有一些錫克教聖地，如首都達卡市的納那克寺，吉大崗 (Chittaging) 的喬克巴紮等。

# 第二節　錫克教的風俗與節日

錫克教徒有自己獨特的服飾和風俗習慣。錫克男子體魄健壯，高大英俊，蓄鬍子，留長髮，纏頭巾。在軍隊服役或當警察的錫克男子也不戴軍帽，只纏頭巾。長髮先編成辮子盤在頭上，再纏上頭巾。即便是在赤日炎炎、酷熱難當的盛夏也照纏不誤，只有在家中時才可取下頭巾。筆者在德里時，一次事先未約就去了一個錫克朋友家，按響門鈴後，看見朋友未纏頭巾，拖著一條長辮子來開門，很像中國清朝的遺老。頭巾是由一塊數米長的布製成的，顏色可隨意挑選，與衣服搭配。錫克女子大都身材高䠯苗條、容貌俊俏，穿「旁遮普服」，即類似連衣裙的繡花或印花長上衣，配寬鬆的褲子，肩披一條紗巾，瀟灑飄逸，別有一番風采。這種服裝印度教婦女也穿，近年來也受到歐美婦女的青睞。未成年的錫克男童在頭頂上挽一髮髻，包一塊手帕大小的方巾，女孩則梳小辮，辮梢上用方巾紮成蝴蝶結。錫克教徒不分男女老幼都戴鐵手

鐲，但城市中已很少見到佩短劍的男教徒。

錫克人英武善戰，在軍隊中當兵的很多。印度政府有意削減錫克人在軍隊中的比例，獨立時錫克人占印軍總數的33%，80 年代只占 7.5%。在當代印度社會，錫克人的社會政治地位和經濟地位還是較高的，不少政府要員是錫克人，如前總統宰爾·辛格，前內政部長布塔·辛格，現任財政部長曼莫罕·辛格等，還有不少高級軍官和法官。錫克巨商、企業家、教授和學者也很多。錫克人占中央政府雇員的 8%。錫克族聚居的旁遮普是印度最發達、最富裕的邦，是印度的糧倉，輕工業執全印之牛耳。全印度約有 40% 的人生活在貧困線以下，但在旁遮普只有 1% 的人口生活在貧困線以下。還有 200 多萬錫克人僑居國外，大都是富商、科學家、醫生和技術人員。在德里，乞丐隨處可見，但卻沒有一個是錫克人，倒是有不少錫克人開計程車。錫克人的商店也比比皆是，德里最有名的西式速食店尼魯納速食店就是錫克人開的，在德里有十幾個連鎖店，在其他城市也有分店，生意非常興隆。

錫克人熱情豪爽，非常虔誠，宗教感情強烈。教徒從出生到死亡都要舉行一定的宗教儀式，具體說來，有出生後的命名儀式，成年時的獻身儀式，結婚時的婚禮儀式，死後的殯葬儀式。

# 一、錫克教的風俗與節目

## 命名儀式

對於錫克教徒來說，一個新生命的誕生出世（無論是男是女）是神的恩賜，理應受到重視和歡迎，為此必須舉行命名儀式。當嬰兒母親身體康復後，全家都要去聖廟朝拜，並獻上貢物，念誦感恩經，感謝神的恩賜。

嬰兒父母會請求廟裡的主持賜給嬰兒甘露（一種飲料）。主持就開始念誦經文，念5遍後用雙鋒短劍蘸水灑在地上，然後用劍鋒蘸少許甘露，滴入嬰兒口中。嬰兒的母親則用左手端起甘露飲下。

主持在聖典《阿底格蘭特》中隨便選一頁，念出左邊的第一個字母給嬰兒父母聽，父母聽後便商議取什麼名字，把結果告訴主持，主持當眾宣示，並加以祝賀，然後大家共餐，儀式便告結束。

## 獻身儀式

獻身儀式稱為「劍禮」，是錫克教特有的一種宗教儀式。只有參加過這種儀式，才能成為真正的錫克教徒。獻身儀式可以在任何季節裡舉行，一般說來，年滿14歲即可參加這種入教儀式。這一儀式必須由教團中5個最有威望的長老主持。

　　儀式開始時，由5位長老中的一位翻開《阿底格蘭特》，解釋錫克教的信條及原則，然後詢問入教者是否接受這些教義，接著再念一段經文。之後，5位長老開始配製甘露，他們圍繞著放在支座上的鐵碗，右膝跪地，左腿蹲立，把糖塊放入碗中，注入水，輪流用短劍攪動，邊攪邊吟誦納那克祖師的讚歌。待攪拌成美味的甘露後，依次往教徒們的眼睛及頭髮上彈灑5次甘露，並把甘露分給眾人飲用。接著，長老們背誦5篇經文，入教者重複5遍。最年長的一位長老開始講話，教導入教者要終身遵守教義教規，尊敬祖師。以後誦讀經文，共用聖餐，儀式至此結束。經過「劍禮」後，男教徒的名字可加辛格（獅子），女教徒的名字加考爾（公主）。

# 婚禮儀式

　　錫克教徒認為：婚姻是神聖的，應建立在愛情的基礎上。男女青年可以自己挑選伴侶，一般要求門當戶對。最重要的是要在錫克教徒之間通婚，禁止與異教徒聯姻。時至今日，一些旅居美國、英國、加拿大等地的錫克人仍恪守這一傳統，回印度挑選錫克新娘或新郎。

　　錫克教徒的訂婚儀式比較簡單，但婚禮卻很隆重。婚禮一般在新娘家或聖廟舉行，新郎及家人在前一天晚上就要趕到新娘家。婚禮儀式從清晨就開始，當婚禮的讚歌唱起時，新郎新娘站在臺前，作禱告，祈神保佑，並在讚歌聲中向《阿底格蘭特》行禮，以示贊同婚姻。隨後新娘的父親上前為新

婚夫婦佩戴花環，人們大聲唱起拉姆·達斯祖師為婚禮所作的讚歌。

　　一對新人攜手在音樂的伴奏下圍著供奉《阿底格蘭特》的聖壇繞4周，司儀便向一對新人拋灑繽紛的花瓣，儀式即告結束。新娘家拿出豐盛的食物款待眾人。婚禮結束後，參加婚禮的人還要簇擁新婚夫婦到新郎家。

　　錫克教徒的這種婚禮儀式被稱為阿難陀婚禮，是19世紀中葉由錫克教無形派的領袖達巴拉·辛格創立的。1909年獲印度法律通過。

## 葬禮儀式

　　錫克教也和印度教一樣實行火葬。屍體放在架好的木柴上，點火時參加葬禮的人們開始吟誦禱文，超渡亡靈。乾柴燃盡後死者的親友便各自返家。普通教徒都是火葬，但祖師們的遺體都要建墓掩埋，並奉為聖地。

　　錫克教徒認為：今生能轉世成人是前世修德積善的結果，它使靈魂有了聆聽祖師教誨的機會，從而能與神結合，獲得解脫。對於虔誠的教徒來說，死亡就是為他驅除了解脫道路上的最後一個障礙，從而達到與神交合的境界。

# 二、節　日

　　由於錫克教是從印度教中分化出來的，因而在不少方面

吸取了印度教的習俗。印度教的主要節日如灑紅節（霍利節）、燈節（達瓦利節），錫克教也慶祝。除了和印度教共同的節日外，錫克教在長期的發展過程中也形成了自己的獨具特色的節日，如祖師誕辰日、白沙克節等。

## 燈節

　　燈節是印度教的重要節日，錫克教徒也歡度這個節日。燈節按印曆計算，一般在 10 月至 11 月之間。關於燈節的起源，各地有不同的傳說，一種傳說認為，燈節是為了慶祝大神黑天（克里希那）斬殺魔鬼那卡蘇那的勝利。另一種傳說認為燈節是為了慶祝羅摩神被流放 14 年後重返阿逾陀城當國王。還有一種傳說認為是為了紀念天神毗濕奴的妻子拉克西米女神獲釋。拉克西米女神被魔王巴利擄去，大神毗濕奴變為侏儒，打敗了魔王，救出妻子。拉克西米是女財神，燈節夜晚，家家戶戶都點燈，以祈拉克西米光臨，給他們帶來好運。而今油燈以五顏六色的電燈泡代替。商人們對燈節更為重視，對他們來說，這是祭拜女財神的日子，各家商店打掃乾淨後都用彩燈裝飾，供奉財神，以便財神保佑他們財運亨通。人們還燃放鞭炮慶祝。

　　錫克教徒過燈節時在寺廟裡舉行盛大的慶祝活動。筆者曾有幸在德里的錫克金廟目睹過這一盛況。當夜幕降臨時，錫克教徒扶老攜幼，從四面八方趕往地處商業區的金廟。我和朋友們一起趕到時，只見燈火通明，寺廟的門樓、圍牆和

大殿均裝飾著五光十色的彩燈，閃閃爍爍，繽紛燦爛，震耳的鼓樂聲響徹夜空。寺廟門前已是人山人海，水泄不通。我們隨人流魚貫而入，進大門後先脫下鞋子交給保管處，然後赤腳踏著紅氈拾級而上，在大殿門口領取一條紅色繡金線的頭巾圍在頭上，進入大殿。大殿裡供奉著聖典《阿底格蘭特》，許多人席地而坐，在鼓樂的伴奏下吟唱讚歌。不少信徒往捐贈箱中投放盧比。氣氛熱烈歡樂而又莊嚴神聖。我們受這種氣氛感染，也畢恭畢敬地對著聖壇鞠躬行禮，然後退出。

## 白沙克節

　　白沙克節是錫克教最重要的節日，是公社成立日。第十代祖師戈賓德·辛格就是在這天宣佈公社（卡爾沙）成立。這一天，錫克教徒都要去寺廟參加慶祝活動，不少虔誠的教徒千里迢迢趕往阿姆利則城的金廟歡度這一節日。教徒們在音樂的伴奏下，一直不斷地吟誦聖典，五長老手握雙鋒短劍繞聖壇而行，紀念戈賓德·辛格祖師。在農村，教徒們還載歌載舞，盡情歡慶。

## 祖師的誕辰節

　　錫克教 10 位祖師的誕生日都是錫克教的節日，其中以納那克誕辰和戈賓德·辛格誕辰節最為隆重。納那克祖師的誕辰在 10 月或 11 月份（依印曆推算），戈賓德·辛格祖師的生日在 1 月或 2 月份。每逢祖師誕辰日，錫克教徒都要在寺廟

裡慶祝，主要儀式是不停地吟誦聖典《阿底格蘭特》。

　　此外，錫克教還有一些紀念性的節日。

1 月：在費羅茲普爾附近的穆克特薩爾舉行集市，紀念在穆克特薩爾進行的戰役。

1 月：在阿姆利則紀念錫克教經典撰寫人——烈士巴巴·迪普·辛格於 1760 年殉難。

1 月：在阿姆利則附近舉行集會，紀念阿爾瓊·戴夫祖師在此為全縣鑿井供水。

2 至 3 月：霍拉莫哈拉節（印度教的灑紅節），主要在德普爾舉行。

3 月：在納那克祖師晚年安居的地方卡塔普爾對面的納那克禮拜堂舉行集會。

4 月 13 日：拜薩基節（旁遮普地區新年，每隔 36 次有 4 日慶祝，如 1975 年的節日）。

5 至 6 月：各地普遍紀念祖師阿爾瓊·戴夫殉難。

6 月：紀念蘭季特·辛格國王（Maharaja Ranjit Singh，1780–1839 年）逝世。1947 年以前，在他曾經統治過的城鎮（主要是拉合爾）舉行紀念會。

7 月：在德里紀念哈爾克里森祖師誕辰。

8 月：在阿姆利則附近舉行集會，紀念泰格·巴哈都爾被宣佈為祖師。

9 月：在戈因德瓦爾舉行集會，紀念阿瑪爾祖師逝世。

9 月：在阿姆利則舉行集會，紀念 1604 年供奉錫克教的聖典《阿底格蘭特》。

10 至 11 月：迪瓦利節（燈節），是新年慶祝活動的一部分。

11 月：紀念納那克祖師的誕辰（納那克生於 1469 年 4 月，但現在人們普遍在 11 月紀念他的誕辰）。

11 月：在古爾達斯普爾舉行紀念活動，據傳說，這是納那克祖師與印度教瑜伽派教徒辯論的地方。

12 月：紀念戈賓德·辛格祖師誕辰。

12 月：紀念戈賓德·辛格祖師的兩個小兒子佐拉瓦爾·辛格和法特赫·辛格殉難，主要在錫爾欣德附近舉行紀念活動。

12 月：紀念泰格·巴哈杜爾祖師殉難，在德里舉行紀念活動。

# 附錄：十世祖師年表

| 姓名 | 生日 | 繼位日期 | 卒日 |
|---|---|---|---|
| 納那克·戴夫<br>(Nanak Dev) | 1469.4.15 | | 1539.9.22 |
| 安格德·戴夫<br>(Angad Dev) | 1504.3.31 | 1539.6.14 | 1552.3.39 |
| 阿瑪爾·達斯<br>(Amar Das) | 1479.5.5 | 1552.3.29 | 1574.9.1 |
| 拉姆·達斯<br>(Ram Das) | 1534.9.24 | 1574.9.1 | 1581.9.1 |
| 阿爾瓊·戴夫<br>(Arjan Dev) | 1563.4.15 | 1581.9.1 | 1606.5.30 |
| 哈爾戈賓德<br>(Hargobind) | 1595.6.14 | 1606.5.25 | 1644.3.3 |
| 哈爾·萊<br>(Har Rai) | 1630.1.16 | 1644.3.8 | 1661.10.6 |
| 哈爾克里森<br>(Harkrishan) | 1656.7.7 | 1661.10.6 | 1664.3.30 |
| 泰格·<br>巴哈杜爾<br>(Tegh Bahadur) | 1621.4.1 | 1665.3.20 | 1675.11.11 |
| 戈賓德·辛格<br>(Gobind Singh) | 1666.12.22 | 1675.11.11 | 1708.10.7 |

# 宗教文庫

愛與和平的心靈獻禮，生命與價值的融合

## 佛教入門　三枝充悳／著　黃玉燕／譯

　　佛教一直以宗教的立場來開導大眾，使人得到精神安慰。再加上佛教能建立思想，使其成為人們實踐的支柱，這更對各種優異文化的形成、深化、發展等，有很大的貢獻。本書全部圍繞在「何謂佛教」這個主題上，對於佛教入門所必須述及的各種問題，以平實的文字做忠實的敘述，使佛教的整體面貌得以開顯。

## 印度教導論　摩訶提瓦／著　林煌洲／譯

　　由正當的語言、思想及行為著手，積極地提升自己的內在精神，寬容並尊重各種多元的思想，進而使智慧開顯豁達，體悟真理的奧祕，這就是印度教。印度教強調以各種方法去經驗實在及實踐愛，而這正是本書力求把印度教介紹給世人的寫作動力。藉由詳盡的闡釋，本書已提供了一條通往永恒及良善生活方式的線索。

## 宗教學入門　瓦鄧布葛／著　根瑟・馬庫斯／譯

　　人類的宗教呈現分殊多樣的面貌，這是人類精神所展現的多元現象，也是人類文化的豐富遺產。人類總在理性的盡頭走上信仰，然而，站在人文精神與知識的立場，我們應如何去思索宗教現象，以及探尋關於宗教的可靠知識呢？本書主張把宗教現象視作人類現象來研究，分別從歷史、比較、情境以及詮釋學來充實其內涵，系統性地從幾種不同的學科與途徑來介紹當前的宗教研究，企使宗教建立一門知識性的學科。

## 中國民間信仰與道教　劉仲宇／著

　　中國傳統文化中，儒釋道號稱三教，是中國文化的主要支柱。說支柱，同時也就意味著它們不能囊括全部的中國文化。在民間，還有每日每時在日常生活中大量重現的俗文化。民間信仰即俗文化的一部分，對它的了解，是理解民眾精神生活的重要途徑，本書詳述中國民間信仰與道教的互動與發展，使讀者能更加理解鮮活的中國文化。

國家圖書館出版品預行編目資料

獅子勇士:錫克教史話／江亦麗著.－－初版一刷.－
－臺北市；東大，2003
　　面；　　公分－－(宗教文庫)

ISBN 957－19－2747－3 (平裝)

1.印度教

274　　　　　　　　　　　　　　　92018337

網路書店位址　http://www.sanmin.com.tw

© 　獅　子　勇　士
　　　　——錫克教史話

著作人　江亦麗
發行人　劉仲文
著作財
產權人　東大圖書股份有限公司
　　　　臺北市復興北路386號
發行所　東大圖書股份有限公司
　　　　地址／臺北市復興北路386號
　　　　電話／(02)25006600
　　　　郵撥／0107175－0
印刷所　東大圖書股份有限公司
門市部　復北店／臺北市復興北路386號
　　　　重南店／臺北市重慶南路一段61號
初版一刷　2003年11月
編　號　E 270030
基本定價　參　元
行政院新聞局登記證局版臺業字第○一九七號

ISBN　957-19-2747-3　（平裝）